特長と使い方

本書を活用した大学入試対策～

□ **志望校を決める（調べる・考える）**

入試日程、受験科目、出題範囲、レベルなどが決まるので、やるべきことが見えやすくなります。

□ **「合格」までのスケジュールを決める**

基礎固め・苦手克服期 … 受験勉強スタート～入試の 6 か月前頃

- 選択式・記述式など、さまざまな出題形式に慣れていきましょう。
- 古文の特徴でもある歴史的仮名遣いや古語の意味、敬語表現、主語・助詞の省略などはよく問われるため、知識事項を整理するとともに、文中から人物関係などを読み取るようにしましょう。
- 会話文に関する問題も頻出のため、要点を整理しておきましょう。

応用力養成期 … 入試の 6 か月前～ 3 か月前頃

- 身につけた基礎を土台にして、入試レベルの問題に対応できる応用力を養成します。
- 志望校の過去問を確認して、出題傾向、解答の形式などを把握しておきましょう。
- 模試を積極的に活用しましょう。模試で課題などが見つかったら、『**大学入試 ステップアップ 古文【基礎】**』で復習して、確実に解けるようにしておきましょう。

実戦力養成期 … 入試の 3 か月前頃～入試直前

- 『**大学入試ステップアップ 古文【標準】**』で実戦力を養うとともに、過去問にも取り組みましょう。

□ **志望校合格！！**

古文の学習法

◎古文の出典としては、平安時代中期～後期や鎌倉時代の作品が多く出題されており、近年では江戸時代の作品も散見されます。ジャンルも通常の物語から軍記物語、日記など幅広く取り上げられているため、これらの時代の作品には特に意識して触れていくようにしましょう。

◎文法事項を問う出題も見られるため、それぞれの品詞や敬語のポイントを整理しておく必要があります。**助動詞・助詞の識別、敬語における敬意の対象の把握**など、よく問われる内容を中心に学習していくとよいでしょう。

◎選択式の問題では、**内容や理由、主語について問われることが多い**です。読解においては、**登場人物の言動や文末表現などにも着目**しながら、「誰（何）が」「どうしたのか」という点を把握していきましょう。

◎記述式の問題では、**現代語訳や内容説明がよく問われます**。特に現代語訳については、敬語表現を含むものが問われやすいです。また、形は現代語と同じであるものの意味が異なる古語や、現代語と形が似ている古語などを含むものも多く見られます。それぞれの表現や意味などの特徴をおさえておきましょう。

～本書のしくみ～

本冊

見開き２ページで１単元完結になっています。

☆重要な問題
ぜひ取り組んでおきたい問題です。状況に応じて効率よく学習を進めるときの目安になります。

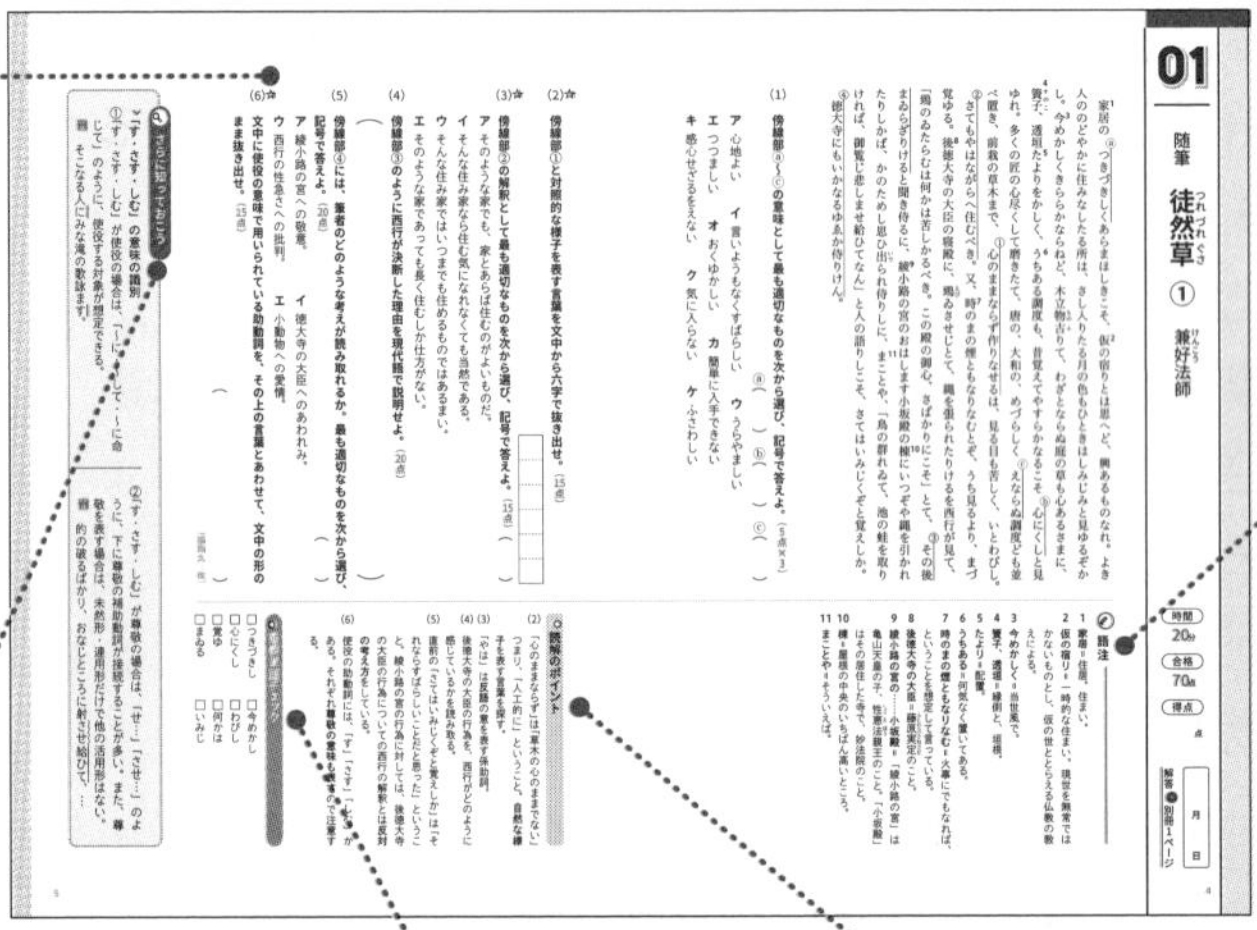

語注
文中に出てくる重要な言葉は、語注で意味を紹介しています。

さらに知っておこう
当該単元で扱う文法事項などを紹介しています。

重要単語チェック
本文の出典作品に関わる内容を紹介しています。

読解のポイント
問題を解くうえでのポイントなどを紹介しています。

解答・解説

解説
解答を導く方法などを丁寧に解説しています。

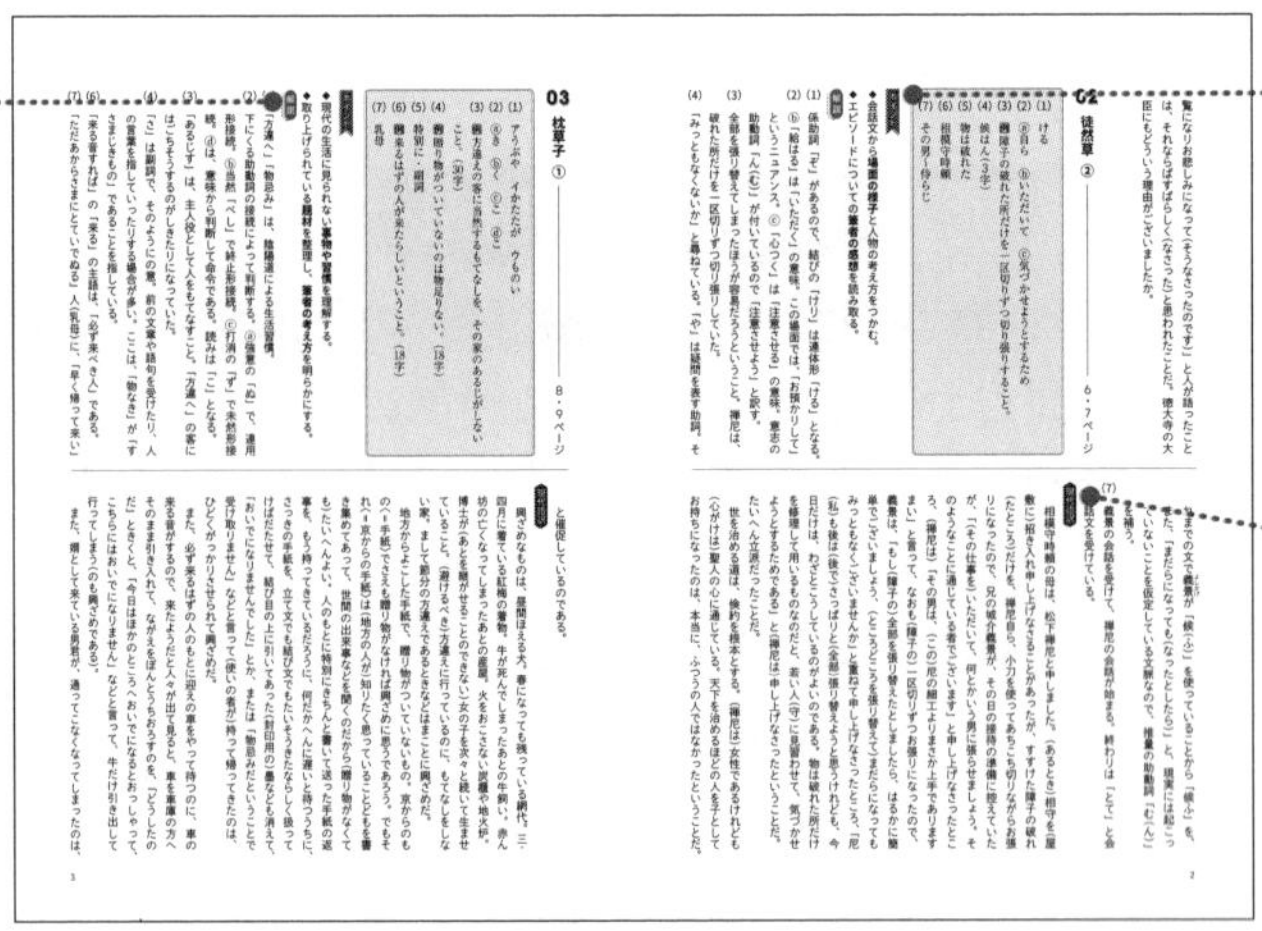

ポイント
問題を解くうえでの要点を紹介しています。

現代語訳
古文本文をわかりやすく現代語訳しています。

本書の活用例

◎何度も繰り返し取り組むとき、１巡目は全問→２巡目は１巡目に間違った問題 …のように進めて、全問解けるようになるまで繰り返します。
◎ざっと全体を復習したいときは、各単元の☆だけ取り組むと効率的です。

目 次

本書に関する最新情報は、小社ホームページにある**本書の「サポート情報」**をご覧ください。(開設していない場合もございます。)

なお、この本の内容についての責任は小社にあり、内容に関するご質問は直接小社におよせください。

01 随筆 徒然草(つれづれぐさ) ① 兼好法師(けんこうほうし)

時間 20分　合格 70点　得点　　点

月　日　解答 別冊1ページ

家居[1]の ⓐつきづきしくあらまほしきこそ、仮の宿り[2]とは思へど、興あるものなれ。よき人ののどやかに住みなしたる所は、さし入りたる月の色もひときはしみじみと見ゆるぞかし。今めかしく[3]きららかならねど、木立物古り(ものふり)て、わざとならぬ庭の草も心あるさまに、簀子(すのこ)[4]、透垣たより[5]をかしく、うちある[6]調度も、昔覚えてやすらかなるこそ ⓑ心にくしと見ゆれ。多くの匠の心尽くして磨きたて、唐の、大和の、めづらしく ⓒえならぬ調度ども並べ置き、前栽の草木まで、①心のままならず作りなせるは、見る目も苦しく、いとわびし。②さてもやはながらへ住むべき。又、時のまの煙ともなりなむ[7]とぞ、うち見るより、まづ覚ゆる。後徳大寺の大臣[8]の寝殿に、鵄(とび)ゐさせじとて、縄を張られたりけるを西行が見て、「鵄のゐたらむは何かは苦しかるべき。この殿の御心、さばかりにこそ」とて、③その後まゐらざりけると聞き侍るに、綾小路の宮[9]のおはします小坂殿の棟[10]にいつぞや縄を引かれたりしかば、かのためし思ひ出で(いで)られ侍りしに、まことや[11]、「鳥の群れゐて、池の蛙を取りければ、御覧じ悲しませ給ひてなん」と人の語りしこそ、さてはいみじくぞと覚えしか。④徳大寺にもいかなるゆゑか侍りけん。

(1) **傍線部ⓐ〜ⓒの意味として最も適切なものを次から選び、記号で答えよ。**(5点×3)

ア 心地よい　**イ** 言いようもなくすばらしい　**ウ** うらやましい
エ つつましい　**オ** おくゆかしい　**カ** 簡単に入手できない
キ 感心せざるをえない　**ク** 気に入らない　**ケ** ふさわしい

ⓐ(　　)　ⓑ(　　)　ⓒ(　　)

語注

1 **家居**＝住居。住まい。
2 **仮の宿り**＝一時的な住まい。現世を無常ではかないものとし、仮の世ととらえる仏教の教えによる。
3 **今めかしく**＝当世風で。
4 **簀子、透垣**＝縁側と、垣根。
5 **たより**＝配置。
6 **うちある**＝何気なく置いてある。
7 **時のまの煙ともなりなむ**＝火事にでもなれば、ということを想定して言っている。
8 **後徳大寺の大臣**＝藤原実定(ふじわらのさねさだ)のこと。
9 **綾小路の宮の……小坂殿**＝「綾小路の宮」は亀山天皇の子、性恵(しょうえ)法親王のこと。「小坂殿」はその居住した寺で、妙法院のこと。
10 **棟**＝屋根の中央のいちばん高いところ。
11 **まことや**＝そういえば。

(2)☆ **傍線部①と対照的な様子を表す言葉を文中から六字で抜き出せ。**（15点）

(3)☆ **傍線部②の解釈として最も適切なものを次から選び、記号で答えよ。**（15点）（　　）

ア そのような家でも、家とあらば住むのがよいものだ。

イ そんな住み家なら住む気になれなくても当然である。

ウ そんな住み家ではいつまでも住めるものではあるまい。

エ そのような家であっても長く住むしか仕方がない。

(4) **傍線部③のように西行が決断した理由を現代語で説明せよ。**（20点）

（　　　　　　　　　　）

(5) **傍線部④には、筆者のどのような考えが読み取れるか。最も適切なものを次から選び、記号で答えよ。**（20点）（　　）

ア 綾小路の宮への敬意。　**イ** 徳大寺の大臣へのあわれみ。

ウ 西行の性急さへの批判。　**エ** 小動物への愛情。

(6)☆ **文中に使役の意味で用いられている助動詞を、その上の言葉とあわせて、文中の形のまま抜き出せ。**（15点）

（　　　　　　）

［福岡大―改］

○ 読解のポイント

(2) 「心のままならず」は「草木の心のままでない」つまり、「人工的に」ということ。**自然な様子**を表す言葉を探す。

(3) 「やは」は**反語**の意を表す係助詞。

(4) 後徳大寺の大臣の行為を、西行がどのように感じているかを読み取る。

(5) 直前の「さてはいみじくぞと覚えしか」は「それならすばらしいことだと思った」ということ。綾小路の宮の行為に対しては、後徳大寺の大臣の行為についての西行の解釈とは**反対の考え方**をしている。

(6) 使役の助動詞には、「す」「さす」「しむ」がある。それぞれ**尊敬の意味も表す**ので注意する。

○ 重要単語チェック

□つきづきし　□今めかし
□心にくし　□わびし
□覚ゆ　□何かは
□まゐる　□いみじ

さらに知っておこう

「す・さす・しむ」の意味の識別

①「す・さす・しむ」が使役の場合は、「〜に・〜して・〜に命じて」のように、使役する対象が想定できる。

例 そこなる人にみな滝の歌詠ます。

②「す・さす・しむ」が尊敬の場合は、「せ…」「させ…」のように、下に尊敬の補助動詞が接続することが多い。また、尊敬を表す場合は、未然形・連用形だけで他の活用形はない。

例 的の破るばかり、おなじところに射させ給ひて、…

02 随筆 徒然草 ② 兼好法師

時間 20分　合格 70点　得点　　点

月　　日

解答 ➡ 別冊2ページ

相模守時頼の母は、松下禅尼とぞ申しけり。守を入れ申さるる[1]事ありけるに、すすけたる明り障子の破ればかりを、禅尼ⓐ手づから、小刀して切り回しつつ張られければ、兄の城介義景、その日のけいめい[2]して候ひけるが、「ⓑ給はりて、なにがし男[3]に張らせ候はん。さやうの事に心得たる者に候」と申されければ、その男、尼が細工によもまさり侍らじ[4]とて、なほ一間づつ張られけるを、義景、「皆を張りかへ候はんは、①はるかにたやすく候ふべし、まだら[5]に候ふも②見苦しくや」と重ねて申されければ、「尼も後はさはさはと[6]張りかへんと思へども、今日ばかりは、③わざとかくてあるべきなり。物は破れたる所ばかりを修理して用ゐる事ぞと、若き人に見習はせて、ⓒ心つけんためなり」と申されける。いとありがたかりけり。

世を治むる道、倹約を本とす。女性なれども聖人の心に通へり。天下を保つ程の人を、④子にて持たれける、まことに、ただ人にはあらざりけるとぞ。

(1)☆ 波線部を正しい活用形に書き改めよ。（10点）

（　　　　　）

(2) 二重傍線部ⓐ～ⓒを現代語訳せよ。（5点×3）

ⓐ（　　　　　）　ⓑ（　　　　　）

ⓒ（　　　　　）

(3)☆ 傍線部①は、どんなことと比べて「たやすい」というのか、説明せよ。（20点）

（　　　　　）

語注

1 入れ申さるる＝（屋敷に）招き入れ申し上げなさる。
2 けいめい＝（客の）接待の準備をすること。
3 なにがし男＝何とかという男。名を明らかにしないで人を指す際の表現。
4 よもまさり侍らじ＝まさか上手でありますまい。
5 まだら＝汚れたのときれいなのとが混ざっている状態。
6 さはさはと＝さっぱりと。

(4) 傍線部②はあとに続く言葉が省略されている。その言葉を文中から五字以内で抜き出せ。(15点)

(5) 傍線部③のようにするのはなぜか。文中から一文で探し、初めの五字を抜き出せ。(15点)

(6) 傍線部④は誰(だれ)を指しているか。文中から抜き出せ。(10点)

(　　　　)

(7)☆ 本文中に、「　」を付けることのできる禅尼が言った言葉があるが、それはどこか。初めと終わりの三字(句読点を含まない)を抜き出せ。(15点)

〜

読解のポイント

(1) 前に係助詞「ぞ」がある。

(3) 「皆を張りかへ候はん」ほうがたやすいということ。**禅尼がしているのは**どんなことか。

(4) 『見苦し』くはありませんか」と尋ねている。**丁寧語を使って話している**ことに注目する。

(5) 「かくて」は、今禅尼がしていることを指している。**禅尼の考え方**を会話の中からとらえる。

(7) 会話文の終わりは**「と・とて」に注目**して探す。城介義景との会話であることに注目する。

重要単語チェック

□ばかり　□手づから
□給はる　□よも(〜じ)
□心つく　□通ふ

さらに知っておこう

✓会話文の判別

①会話文の終わりには「と・とて・など」ということばがある。また「と言ふ、など語る」などのような語がくることが多い。ただし、「とて」の場合は、そのような語はない。

②会話文の始まりは、①の方法で終わりを確定したあとで、そこで終わる内容がどこから始まっているかを考える。また、話し手の聞き手に対する敬意を表す意味で、会話文には「侍り・候ふ」が用いられていることが多い。右の文章の場合もこれにあたる。

03 随筆 枕草子（まくらのそうし）① 清少納言（せいしょうなごん）

時間 20分　合格 70点　得点　　点

月　日

解答 ▶ 別冊3ページ

すさまじき[1]もの。昼ほゆる犬。春の網代（あじろ）[2]。三、四月の紅梅の衣（きぬ）。牛死にたる牛飼ひ。ちご亡くなりたる ア産屋。火おこさぬ炭櫃（すびつ）[3]・地火炉。博士のうち続き女児生ませたる。イ方違へに行きたるに、①あるじせぬ[4]所。まいて節分などはいとすさまじ。

人の国[5]よりおこせたる文の物なき。京のをも②さこそ思ふらめ。されど、それは、ゆかしき[6]ことどもをも書き集め、世にあることなどをも聞けばいとよし。人のもとに③わざと清げに[7]書きてやりつる文の返りごと、今は持てⓐ来ぬらむかし、あやしうおそきと待つほどに、ありつる文、立て文をも結びたるをも、いときたなげに取りなし、ふくだめて[8]、上に引きたりつる墨など消えて、「おはしまさざりけり」もしは「ウ物忌みとて取り入れず」と言ひて持て帰りたる、いとわびしくすさまじ。また、必ずⓑ来べき人のもとに車をやりて待つに、来る音すれば、④さななりと人々いでて見るに、車宿りにさらに引き入れて、ながえ[9]ほうと打ちおろすを、「いかにぞ」と問へば、「今日は外へおはしますとて渡りたまはず」などうち言ひて、牛の限り引きいでて往ぬる。

また、家の内なる男君のⓒ来ずなりぬる、いとすさまじ。さるべき人の宮仕へするがりやりて、恥づかしと思ひゐたるも、いとあいなし。

ちごの乳母の、ただあからさまにとていでぬるほど、とかく慰めて、「とくⓓ来」と⑤言ひやりたるに、「今宵はえ参るまじ」とて返しおこせたるは、すさまじきのみならず、いと憎くわりなし。女迎ふる男、まいていかならむ。

(1) **傍線部ア～ウの読みを答えよ。**（5点×3）

ア（　　　）　イ（　　　）　ウ（　　　）

語注

1 **すさまじき**＝おもしろくない。興ざめな。
2 **網代**＝冬、水中に竹や木を編んで立て、魚を捕らえるしかけ。
3 **炭櫃・地火炉**＝ともに、いろり。「炭櫃」は角火鉢を指すこともある。
4 **あるじせぬ**＝もてなしをしない。ごちそうしない。
5 **人の国**＝地方。いなか。
6 **ゆかしき**＝心が対象物に強く引かれる感じ。ここでは、知りたいの意。
7 **清げに**＝きちんとしている。整ってきれいな様子。
8 **ふくだめて**＝けばだたせて。
9 **ながえ**＝牛車（ぎっしゃ）の前に突き出した二本の棒で、先端に軛（くびき）を渡して牛に引かせる。

(2) **傍線部ⓐ～ⓓの「来」の読みを答えよ。**（5点×4）
ⓐ（　　）ⓑ（　　）ⓒ（　　）ⓓ（　　）

(3) **傍線部①はどういうことか。句読点を含め三十字以内で答えよ。**（15点）

(4) **傍線部②「ささそ思ふらめ」とあるが、どう「思ふ」のか。句読点を含め二十字以内で答えよ。**（15点）

(5) **傍線部③の意味と、その品詞を答えよ。**（5点×2）
（　　）（　　）

(6)☆ **傍線部④は具体的にどういうことをいっているのか。句読点を含め二十字以内で答えよ。**（15点）

(7) **傍線部⑤は誰に「言ひやりたる」のか。**（10点）
（　　）
〔広島修道大〕

読解のポイント

(1) いずれも古文にはよく出てくる基本語。イ
(3) 「方違（へ）」は、外出の時、目的地の方角に障りがあれば、前夜、方角のよいほうに一泊して目的地に行くという俗信。
方違えの客をもてなすことがしきたりになっていた。
(4) 「物なき」が「すさまじきもの」であることをおさえる。
(6) 「来る音すれば」の「来る」が、**誰が来るのかを明らかにする。**
(7) 後の「今宵はえ参るまじ」との対応を考える。

重要単語チェック

□すさまじ　□あるじす
□いと　□ゆかし
□清げなり　□ありつる
□ふくだむ　□あいなし
□あからさまなり　□わりなし

さらに知っておこう

∨「枕草子」の内容による三つの分類
①**類集的諸段**…『枕草子』の半数を超える段が、「山は」「鳥は」などで始まる「ものはづけ」の段と、「すさまじきもの」「にくきもの」など「ものづくし」の段で、合わせて「類集」の段と呼ぶ。
②**随想的諸段**…「九月ばかり」「よろづのことよりも」などのように、折に触れての感想を筆者の個性を発揮してつづった段。
③**日記回想的諸段**…「中納言参り給ひて」のように、筆者の宮中での生活を日記回想的につづった段。

04

随筆　枕草子(まくらのそうし) ②　清少納言(せいしょうなごん)

時間 20分　合格 70点　得点 　点

月　日

解答 ➡ 別冊4ページ

宮[1]にはじめてまゐり[2]たるころ、もののはづかしきことの数知らず、涙も落ちぬべければ、夜々(よる)まゐりて、三尺の御几帳(みきちやう)[3]のうしろにさぶらふに、ⓐ絵などとり出(い)でて見せさせ給ふを、手にてもえさし出づまじうわりなし[4]。「これは、とあり、かかり。それか、かれか」などのたまはす。高坏(たかつき)にまゐらせたる御殿油(おほとなぶら)[5]なれば、髪の筋(すぢ)なども、①なかなか昼よりも顕証(けそう)にみえてまばゆけれど、念じて[6]見などす。いとつめたきころなれば、さし出でさせ給へる御手のはつかに[7]見ゆるが、いみじうにほひたる[8]薄紅梅なるは、かぎりなくめでたしと、見知らぬ里人心地には、かかる人こそは世におはしましけれと、おどろかるるまでぞまもりまゐらする。

暁にはとく下(お)りなんといそがるる。「②葛城(かづらき)の神[9]もしばし」など仰せらるるを、いかで[10]かはすぢかひ御覧ぜられんとて、なほ伏したれば、御格子(みかうし)もまゐらず。女官(にようくわん)どもまゐりて、「これ、はなたせ給へ」などいふを聞きて、女房のはなつを「まな[11]」と仰せらるれば、ⓑわらひて帰りぬ。ものなど問はせ給ひ、ⓒのたまはするに、ひさしうなりぬれば、「③下りまほしうなりにたらむ。さらば、はや。④夜さりはとく」と仰せらるる。

ⓓゐざりかくるるやおそきとあげちらしたるに、雪降りにけり。登花殿(とうくわでん)の御前は立蔀(たてじとみ)ちかくてせばし。雪いと［　　］。

語注

1 **宮**＝中宮定子の御座所。登花殿。
2 **まゐりたる**＝ここでは、出仕するの意。
3 **御几帳**＝「几帳」は、室内に立てて隔てとした道具。
4 **わりなし**＝どうしようもない。
5 **御殿油**＝宮中や貴族の御殿でともす灯火。
6 **念じて**＝がまんして。
7 **はつかに**＝わずかに。
8 **にほひたる**＝動詞「にほふ」は、つやつやと美しい。
9 **葛城の神**＝顔が醜いので夜だけ出て働いたという。
10 **いかでかは**＝強い反語の意を表し、「どうして…しようか、（いや、…ない）」。
11 **まな**＝禁止または制止する意の副詞。ここでは、だめよの意。

(1)☆ **傍線部ⓐ〜ⓓは、誰（だれ）の動作か。該当するものを次から選び、記号で答えよ。**（5点×4）

ア 中宮　イ 清少納言　ウ 女官　エ 女房

ⓐ（　　）ⓑ（　　）ⓒ（　　）ⓓ（　　）

(2) **傍線部①・③を現代語訳せよ。**（15点×2）

①（　　）

③（　　）

(3)☆ **傍線部②で、中宮が清少納言を「葛城の神」といったのはなぜか。三十字以内で答えよ。**（20点）

(4) **傍線部④を、下に省略されている語を補って現代語訳せよ。**（20点）

（　　）

(5) **□に入る、清少納言の知的感興を表す形容詞を文語で答えよ。**（10点）

（　　）

〔成城大〕

読解のポイント

(1) ⓐ・ⓒには**敬語**が用いてある。ⓑは女官と女房との判別がむずかしいが、「女官どもまゐりて」を受けていることをおさえる。

(2) ①は「なかなか」「顕証に」をきちんと訳す。③は「まほしう」「む」の**助動詞を的確に訳す**。

(3) **語注**を参考にして、清少納言と「葛城の神」との**共通点**を考える。

(4) 清少納言が退出しようとするときの、**中宮の言葉**である。

重要単語チェック

□まゐる　□なかなか
□顕証なり　□念ず
□はつかなり　□いみじ
□にほふ　□とく
□まな　□夜さり

さらに知っておこう

省略語句の補い方

①省略語句は前後を訳して文脈全体の中で考えよう。特に会話文中では述語が省略されることが多い。

例 主殿司（とのもりづかさ）は「とくとく」と言ふ。（「返したまへ」などの省略）

②「にや・にか」などの係助詞の下の省略があれば、「あらむ・ありけむ」を補う。「にこそ」の場合は「あれ・あらめ」。

③連体形の下の「こと・もの・とき」が省略されることも多い。

例 桂川（かつらがは）、月の明かきにぞ渡る。（「明かき」の下に「とき」が省略）

05

日記

更級日記（さらしなにっき）

菅原孝標女（すがわらのたかすえのむすめ）

時間 20分
合格 70点
得点 　点

月　日

解答 ▶ 別冊5ページ

継母（ままはは）[1]なりし人は、宮仕へせしが下り[2]しなれば、思ひしにあらぬことどもなどありて、世[3]の中うらめしげにて、ほかにわたる[4]とて、五つばかりなる乳児（ちご）どもなどして、「①あはれなり[5]つる心のほどなむ忘れむ世あるまじき。」などいひて、梅の木のつま近くていと大き[6][7]なるを、「これが花の咲かむ折は来むよ」といひおきてわたりぬるを、心のうちに恋しくあはれなりと思ひつつ、しのび音[8]をのみ泣きて、その年もかへりぬ[9]。②いつしか梅咲かなむ、来むとありしを、さやあると、目をかけて待ちわたるに、花もみな咲きぬれど、音もせず[10]。思ひわびて、花を折りてやる。

頼めしをなほや待つべき霜枯れし梅をも春は忘れ［　　］けり

といひやりたれば、あはれなることども書きて、

なほ頼め梅の立枝は契りおかぬ思ひのほかの人も訪ふなり

(1) **傍線部①は、誰（だれ）が、どのようなことを、忘れないと言っているのか。最も適切なものを次から選び、記号で答えよ。**（30点）
（　　　）

ア 作者が、継母がやさしかったことを。
イ 継母が、作者が親しみなついてくれたことを。
ウ 継母が、作者の父へ未練の気持ちがあることを。
エ 作者が、継母が子供たちを育ててくれたことを。
オ 継母が、作者が離縁を同情してくれたことを。

語注

1 **継母**＝作者の父孝標の妻として共に東国に下ったが、帰京後、離別した。
2 **下りし**＝都から地方に下った。ここでは、夫について東国に下った、ということ。
3 **世の中**＝夫婦仲。
4 **ほかにわたる**＝他の場所へ行く。よそに移る。夫と別れたのである。
5 **あはれなり**＝いとしい。優しい。
6 **梅の木のつま近くていと大きなる**＝「つま」は軒先。大きな梅の木が軒先の方まで伸びていることを表している。
7 **つま**＝邸宅の軒端。
8 **しのび音**＝声をしのんで泣くこと。ここでは、人知れず泣くこと。
9 **年もかへりぬ**＝年も改まった。
10 **音もせず**＝便りもない。

(2)☆ **傍線部②を現代語訳せよ。**（20点）

（　　　　　　　　）

(3) **□に入る打消の助動詞を適切な活用形にして答えよ。**（20点）

（　　　　　　　　）

(4)☆ **波線部の和歌の解釈として最も適切なものを次から一つ選び、記号で答えよ。**（30点）（　　）

ア もはやあきらめてください。梅に願かけしたら、約束とは異なる人が来るといいますから。

イ やはり私を待っていてください。梅の立枝が香る時は、必ず待ち人が来るといいますから。

ウ もう待たないでください。梅の立枝に花が咲いても、私が訪れる約束は守れませんから。

エ やはり待っていてください。梅の立枝が香る折は、思いがけず素敵な貴公子が訪ねるといいますから。

［愛知学院大―改］

さらに知っておこう

「なむ」の識別

①**連用形＋なむ**…完了（強意）の「ぬ」の未然形＋推量の「む」

例 髪もいみじく長くなりなむ（髪もきっと長くなるにちがいない）

②**未然形＋なむ**…願望、あつらえの終助詞

例 山の端（は）逃げて（月を）入れずもあらなむ（……入れないでほしい）

③**その他＋なむ**…係助詞（「なむ」をとっても意味が変わらない）

例 かたちより心なむまさりたりける。（体言についている）

係助詞「なむ」は、他に、「あるなむ」、「かくなむ」のように、連体形、副詞、格助詞「と」などにもつく。

読解のポイント

(1) **誰の会話か**を読み取る。主語は、作者か継母か。

(2) **「さらに知っておこう」**参照。

(3) 「けり」の**接続**から判断する。

(4) 作者の**「頼めしをなほや待つべき」**に対する返事である。

重要単語チェック

□下る　□わたる

□あはれなり　□音

□訪ふ

06

日記

紫式部日記（むらさきしきぶにっき）

紫式部

時間 20分　合格 70点　得点　　点

月　日

解答 ▶ 別冊6ページ

秋のけはひ入り立つままに、[1]土御門殿（つちみかど）のありさま、いはむかたなくをかし。池のわたりのこずゑども、[2]遣水（やりみづ）のほとりの叢（くさむら）、[3]おのがじし色づきわたりつつ、おほかたの空も艶なるにもてはやされ［て］、[4]不断の御読経の声々、あはれまさりけり。やうやう涼しき風のけはひに、例の絶えせぬ水のおとなひ、①夜もすがら聞きまがはさる。

[5]御前にも、近うさぶらふ人々、②はかなき物語するをⓐ聞こしめしつつ、なやましうⓑおはしますべかめる［を］、Aさりげなくもてかくさせたまへる御ありさまなど［の］、いとさらなることなれ［ど］、憂き世のなぐさめには、かかる御前をこそたづねⓒ参るべかりけれと、[6]うつし心をばひきたがへ、たとしへなくよろづⓓわすらるるにも、かつは③あやし。

まだ夜深きほどの月さしくもり、木の下をぐらきに、「御格子まゐりなばや」「女官はいまださぶらはじ」「[7]蔵人まゐれ」などいひしろふほどに、[8]後夜（ごや）の鉦（かね）うちおどろかして、[9]五壇の御修法（みずほふ）の時はじめつ。われもわれもとうちあげたる伴僧の声々、遠く近く聞きわたされたるほど、Bおどろおどろしくたふとし。

(1) **傍線部①〜③の意味として最も適切なものをそれぞれ次から選び、記号で答えよ。**（10点×3）①（　　）②（　　）③（　　）

①
- **ア** 夜通し
- **イ** 夕方
- **ウ** 真夜中
- **エ** 明け方

②
- **ア** むなしい
- **イ** あさはかな
- **ウ** とりとめない
- **エ** 下品な

③
- **ア** 不思議な感じがする
- **イ** 見苦しい思いがする
- **ウ** 粗末な様子である
- **エ** あやしい雰囲気がある

語注

1 **土御門殿**＝藤原道長（ふじわらのみちなが）の邸宅。道長の長女中宮彰子（しょうし）が、お産のため里帰りしている場面。

2 **遣水**＝庭に水を導き入れて作った細い流れ。

3 **おのがじし**＝それぞれに。思い思いに。

4 **不断の御読経**＝一昼夜を十二に分け、十二人の僧が順番に読経を行う。中宮彰子の安産祈願のために行っている。

5 **御前**＝一条天皇（いちじょう）の中宮彰子。紫式部が仕えていた。

6 **うつし心をばひきたがへ**＝（普段の）ふさいだ気分とはうって変わって。夫と死別して沈みがちであった紫式部の気持ちを言ったもの。

7 **蔵人**＝女蔵人。雑用をするために仕えていた女官。

8 **後夜**＝一夜を初夜・中夜・後夜の三つに区分した最後の頃。明け方の四時頃。

9 **五壇の御修法**＝五大尊明王を本尊として行う大規模な祈禱（きとう）。

(2)☆ 傍線部ⓐ〜ⓓで、「御前」の動作を示している組み合わせを次から選び、記号で答えよ。（10点）（　　）

ア ⓐ・ⓑ　イ ⓑ・ⓒ　ウ ⓒ・ⓓ　エ ⓐ・ⓓ

(3) □で囲まれた助詞のうち、(i)本文中での働きの異なるもの(ii)その働きの名称を次から一つ選び、記号で答えよ。（10点×2）(i)（　　）(ii)（　　）

(i) ア て　イ を　ウ の　エ ど

(ii) ア 接続助詞　イ 格助詞　ウ 副助詞　エ 係助詞

(4) 二重傍線部Aは、どのような様子か。最も適切なものを次から選び、記号で答えよ。（15点）（　　）

ア 待ち遠しくしている様子　イ うんざりしている様子

ウ たいくつそうな様子　エ つらさを表に出さない様子

(5)☆ 二重傍線部Bは、何のどのような感じを述べたものか、説明せよ。（25点）

（　　　　　　　　　　　　　　）

〔日本大—改〕

さらに知っておこう

✓ 敬意の程度

敬語動詞には、同じような意味を持ちながら、敬意の度合いの違うものがある。次の動詞は、上の方がより高貴な人に使われる。

①おはします・おはす…あり・をり・行く・来

②おぼしめす・おぼす…思ふ

③のたまはす・のたまふ…言ふ

④聞こしめす・聞こす…聞く・食ふ・飲む

⑤たまはす・たまふ…与ふ

読解のポイント

(2) 「さらに知っておこう」を参照。

(3) 格助詞にも接続助詞にも用いられる助詞があるので注意する。

(4) この時、中宮彰子は身重であることから考える。

(5) 今、どのようなことが行われているかを考える。

重要単語チェック

□けはひ　□かた

□おのがじし　□やうやう

□さぶらふ　□はかなし

□聞こしめす　□おはします

□あやし　□おどろおどろし

07

日記　讃岐典侍日記（さぬきのすけにっき）　讃岐典侍

時間 20分　合格 70点　得点 点

月 日

解答 別冊7ページ

（亡くなった堀河（ほりかわ）天皇の思い出に日を送る讃岐典侍藤原長子（ふじわらのちょうし）が、幼少の鳥羽（とば）天皇に、[1]朝餉（あさがれい）の間の障子の絵を見せている場面である。）

[2]あまりなるまで[3]かしづかせたまひし御ことは、思ひいでらるるに、おまへに①おはしまして、「われいだきて、障子の絵見せよ」とおほせらるれば、よろづさむるここちすれど、朝餉の御障子の絵、御覧ぜさせありくに、[4]夜の御殿（おとど）のかべに、②あけくれ目なれておぼえん、とおぼしたりし[5]楽を書きて、③おしつけさせたまへりし笛の譜の、[6]おされたるあとの、[7]かげにあるを、④見つけたるぞ、あはれなⓐる。

笛のねのおされしかべのあと見れば⑤過ぎにしことは夢とおぼゆる

かなしくて、そでを顔におしあつるを、⑥あやしげに御覧ずれば、⑦心得させまゐらせじとて、[8]さりげなくもてなしつつ、「あくびをせⓑられて、かく目に涙のうきたる」と申せば、「⑧みなしりてさぶらふ」とおほせⓒらるるに、⑨あはれにもかたじけなくもおぼえさせたまへば、「いかにしらせたまへるぞ」と申せば、「ほ文字の、り文字のこと、思ひいでたるなめり」とおほせらるるは、堀河院の御こととよく心えさせたまへⓓる、と思ふも、うつくしうて、あはれもさめぬるここちしてぞ、ゐまⓔるる。

(1) **傍線部①・③・④・⑥の主語を、それぞれ次から選び、記号で答えよ。**（5点×4）

ア 堀河天皇　**イ** 鳥羽天皇　**ウ** 作者

①（　　）③（　　）④（　　）⑥（　　）

(2) **傍線部②・⑦・⑨を、主語を明らかにして現代語訳せよ。**（10点×3）

語注

1 **朝餉の間**＝天皇が日常に略式の食事をとる部屋。
2 **あまりなるまで**＝身に余るまで。
3 **かしづかせたまひし御こと**＝大切にしてくださったこと。
4 **夜の御殿**＝天皇が夜やすむ部屋。
5 **楽**＝曲。
6 **おされたるあと**＝貼られていた跡。
7 **かげにある**＝壁に残っている。
8 **さりげなくもてなしつつ**＝さりげなくふるまいながら。

②（　　　　）

⑦（　　　　）

⑨（　　　　）

(3)☆ **傍線部⑤を、「過ぎにしこと」の内容を具体的に示して現代語訳せよ。**（20点）

（　　　　）

(4) **二重傍線部ⓐ～ⓔのうち、意味の同じものはどれとどれか、記号で答えよ。また、その意味を書け。**（5点×2）

（　　と　　）意味（　　　　）

(5)☆ **傍線部⑧の、「しりて」の内容を現代語で説明せよ。**（20点）

（　　　　）

［信州大―改］

読解のポイント

(1) 第一段落には、堀河天皇との思い出を回想している部分が含まれている。**敬語**の使い方にも注意すること。

(2) ②直後に「とおぼしたり……」とある。**誰が思った**ことなのかを考える。⑦前後の表現から文脈をとらえる。

(3) 「過ぎにしこと」とは、誰とのどのような事柄か。作者はそれを「夢とおぼゆる」としている。

(4) 「**さらに知っておこう**」参照。

(5) 「ほ文字の、り文字のこと、思ひいでたるなめり」とある。「ほ文字」「り文字」とは何かを考える。

重要単語チェック

□かしづく　□おほす
□よろづ　□さむ
□御覧ず　□ありく
□心得　□ここち

さらに知っておこう

「る」の識別

①**四段・ナ変・ラ変の未然形＋る**…尊敬・可能・受身・自発の助動詞「る」の終止形

例 大納言、いづれの船にか乗らるべき（お乗りになる）

②**四段の已然形、またはサ変の未然形＋る**…完了・存続の助動詞「り」の連体形

例 吉野の里に降れる白雪（降っている）

「る・らる」の意味の判別

①「る・らる」は本来は自発。自然と、思わずなどと訳す。

②打消語や反語を伴った「る・らる」は可能と考えてよい。

③動作主が高貴な人の場合は尊敬。

④「〇〇に～る・らる」の形は受身。「～サレル」と訳す。

08 説話 宇治拾遺物語（うじしゅういものがたり）

昔、袴垂（はかまだれ）とて、いみじき盗人の大将軍ありけり。十月ばかりに、衣（きぬ）[1]の用なりければ、衣少しまうけんとて、さるべき所々窺ひ歩（あり）きけるに、夜中ばかりに、人皆しづまり果ててのち、月の朧（おぼろ）なるに、衣あまた着たりけるぬしの、指貫（さしぬき）[2]のそば挟みて、きぬの狩衣（かりぎぬ）めきたる着て、ただ一人（ひとり）、笛吹きて、行きもやらずねりゆけば[3]、あはれ[4]、これこそ、我に衣得させんとて出でたる人なめりと思ひて、走りかかりて、衣をはがんと思ふに、あやしく物の恐ろしく覚えければ、添ひて二三町ばかり行けども、我に人こそつきたれと思ひたる気色もなし。いよいよ笛を吹きて行けば、試みんと思ひて、足を高くして走り寄りたるに、笛を吹きながら見かへりたる気色、取りかかるべくも覚えざりければ、①走りのきぬ。

かやうに、あまたたび、とざまかうざま[5]にするに、露[6]ばかりもさわぎたる気色なし。②希有（けう）[7]の人かなと思ひて、十余町ばかり具して行く。さりとてあらんやはと思ひて、刀を抜きて走りかかりたるときに、その度、笛を吹きやみて、立ち返りて、「こは何者ぞ」と問ふに、心も失（う）せて、吾（われ）にもあらで、③ついゐられぬ。又、「いかなる者ぞ」と問へば、今は逃ぐとも、よも④逃がさじと覚えければ、「ひはぎ[8]に候（さぶら）ふ」といへば、「何者ぞ」と問へば、「字（あざな）袴垂となんいはれ候ふ」と答ふれば、「さいふ者ありと聞くぞ。危（あや）ふげに⑤希有の奴かな」といひて、「ともにまうで来（こ）」とばかりいひかけて、又同じやうに、笛吹きて行く。

この人の気色、今は逃ぐとも、よも逃がさじと覚えければ、鬼に神取られたるやうにて、共に行くほどに、家に行き着きぬ。いづこぞと思へば、摂津前司保昌（せっつのぜんじやすまさ）といふ人なりけり。家の内に呼び入れて、綿厚き衣一つを賜（たま）りて、「衣の用あらんときは、参りて申せ。心も知らざらん人に取りかかりて、汝（なんぢ）過（あやま）ち[9]すな」とありしこそ、あさましく、むくつけく[10]、恐

語注

1 **衣**＝着物。衣服。
2 **指貫**＝はかまの一種。すそのまわりに通したひもを、くるぶしの上でくくる。
3 **ねりゆけば**＝ゆっくりと歩いていくので。
4 **あはれ**＝感動詞。ああ。
5 **とざまかうざま**＝あれやこれや。
6 **露**＝副詞。下に打ち消しの語を伴い、少しも。ちっとも。全然の意。
7 **希有**＝珍しいこと。
8 **ひはぎ**＝追いはぎ。
9 **過ち**＝けが。負傷。
10 **むくつけく**＝気味がわるく。

時間 20分
合格 70点
得点 　点

月　日

解答 ⌄ 別冊8ページ

ろしかりしか。

(1) **傍線部①・④の主語は誰(だれ)か。最も適切なものを次から選び、記号で答えよ。**（10点×2）

ア 市中の人　**イ** 袴垂　**ウ** 摂津前司保昌　**エ** 鬼

①（　　）　④（　　）

(2) **傍線部②・⑤は誰のことか。最も適切なものを次から選び、記号で答えよ。**（10点×2）

ア 盗人の大将軍　**イ** 摂津前司保昌　**ウ** 鬼　**エ** 神人

②（　　）　⑤（　　）

(3) **傍線部③を現代語訳せよ。**（30点）

（　　　　　　　　　　　　　　　　）

(4)☆ **この文章の趣旨として最も適切なものを次から選び、記号で答えよ。**（30点）（　　）

ア 笛を吹いてみせたり、着物を与えたりして大盗賊を捕えた、保昌の計略のすばらしさを描いている。

イ 保昌の、盗人を気迫で押さえ込む豪胆ぶりと、寛大な人柄を、袴垂の行動と心理によって描いている。

ウ 盗賊の大頭領でさえも驚きあきれてしまうほどの、武士という者の不気味さ、恐ろしさを描いている。

エ 追いはぎをしなければ着物をえられない庶民の貧と、風流な生活をしている貴族の富を対比している。

［中央大―改］

読解のポイント

(1) ①の「走りのきぬ」は、走り退いたの意。笛を吹いている男は、少しもあわてていない。④は、「逃がさじ」と「覚えければ」の**主語が別**であることをおさえる。

(2) それぞれそのあとの「思ひて」、「いひて」の**主語を確かに**する。相手のことを言っている。

(3) 動詞「つきゐる」＋自発の助動詞「らゐ」の連用形＋完了の助動詞「ぬ」。

(4) 末尾の「あさましく、むくつけく、おそろしかりしか」という袴垂の感想が、**何に向けられているか**見抜く。

重要単語チェック

□衣　□朧なり
□気色　□とざまかうざま
□露　□具す
□危げなり　□あさまし

さらに知っておこう

覚えておきたい説話集

①**日本霊異記(にほんりょういき)**…僧景戒(けいかい)撰。平安初期。日本最古の仏教説話集。
②**今昔物語集(こんじゃく)**…平安後期の仏教説話集。和漢混交文。
③**発心集(ほっしん)**…鴨長明(かものちょうめい)編。鎌倉前期。仏教説話。
④**宇治拾遺物語**…鎌倉前期。「今昔物語集」と並ぶ代表作。
⑤**十訓抄(じっきんしょう)**…鎌倉中期。啓蒙的・教訓的性格。
⑥**古今著聞集(ここんちょもんじゅう)**…橘成季(たちばなのなりすえ)編。鎌倉中期。公事・和歌・怪異など。
⑦**沙石集(しゃせき)**…無住(むじゅう)作。鎌倉後期。仏教の趣旨や処世訓など。

09 説話 古今著聞集(ここんちょもんじゅう) 橘成季(たちばなのなりすえ)撰

時間 20分
合格 70点
得点 点
月 日
解答 ➡ 別冊9ページ

後堀河院(ごほりかは)の御位の時、嘉禄(かろく)二年（一二二六年）九月十一日、[1]例幣(れいへい)に、頭中将宣経朝臣(のりつねあそん)以下(いげ)、[2]職事(しきじ)ども[3]まゐりて、[4]出御(しゅつぎょ)まつ程、人びと[5]鬼の間にあつまりゐて、何となき物語しけるに、[6]台盤所には、内侍(ないし)共①さらぬ女房たちも候ひけり。わた殿には、貫首(くわんじゅ)にしたがひたる蔵人(くらうど)どもならびゐて、内(うち)も外(と)もなく、さまざまの物語いひかはすに、少将内侍、台盤所の御つぼのかへでの木をみ出して、「このかへでに、はつもみぢのしたりしこそうせにけれ」といひたりけるを、頭中将ききて、「いづれの方にか候ひけむ」とて、梢を見あげければ、人びともみなめをつけてみけるに、蔵人永継(ながつぐ)とりもあへず、「□の枝にこそ候ひけめ」と申したりけるを、右中将実忠(さねただ)朝臣、[7]御剣の役のためにまゐりて、おなじくその所に候ひけるが、この言を感じて、「このころは、②これほどの事も、心とくうちいづる人はかたきにてあるに、[8]優に候ふものかな」とて、③うちうめきたるに、人びとみな入興(じゅきょう)して、満座感歎しけり。まことに、[9]とりあへずいひいづるも、また[10]ききとがむるも、いと優にぞ侍りける。

古今の歌に、

おなじ枝を④わきて木のはの色づくはにしこそ秋のはじめなりけれ

と侍るを、[11]おもはえていへりけるなるべし。

(1) **傍線部①・④の意味として最も適切なものを次から選び、記号で答えよ。**（10点×2）

①
ア さけられない　**イ** 何事もないかのような
ウ それ以外の　**エ** ごく当然の

①（　　）　④（　　）

語注

1 **例幣**＝毎年九月十一日、朝廷から伊勢神宮に幣(ぬさ)〈＝布や紙を用いて作った供え物〉を奉ること。
2 **職事**＝蔵人の総称。蔵人の頭の異称が貫首。
3 **まゐりて**＝参内して。「まゐる」は貴人のところへ行く意。ここでは、参内する意。
4 **出御**＝天皇のおでまし。
5 **鬼の間**＝清涼殿(せいりょうでん)の西廂(にしのひさし)の南端の部屋。
6 **台盤所**＝女房の詰所。貴族の家では、料理を用意する所で、現在の台所にあたる。
7 **御剣の役**＝行幸の際、昼(ひ)の御座(おまし)の御剣をささげもって従う役。
8 **優に**＝すばらしく。立派で。
9 **とりあへず**＝すぐ。急に。
10 **ききとがむる**＝聞いて心に留める。
11 **おもはえて**＝思いついて。思われて。

④ ア 分離して　イ 脇へよせて
ウ 分配して　エ 特別に

(2) □に入る方角を示す語として最も適切なものを次から選び、記号で答えよ。（15点）
ア 東　イ 西　ウ 南　エ 北
オ 東南　カ 南西　キ 東北
（　　）

(3) 傍線部②を文脈に注意して現代語訳せよ。（20点）
（　　　　）

(4)☆ 傍線部③は、具体的にいえば、右中将実忠がどうしたというのか。句読点を含め十五字以内で答えよ。（20点）

(5)☆ この説話の編者が心ひかれたのは、どのようなことだったと思われるか。人物関係もわかるように配慮して句読点も含め五十字以内で答えよ。（25点）

［法政大］

○読解のポイント

(1) ①の「さらぬ」は「**然らぬ**」。ラ変動詞「さり」の未然形に、打消の助動詞「ず」の連体形のついたもの。④の「わきて」は「別きて」。

(2) 蔵人永継の発言が**古今集の歌をふまえて**なされたことをつかむ。

(3) 「これほどの事」を**具体的に示す**ことがポイントになる。

(4) 「うちうめく」は、感心してうなったのである。**何に感心したのか**を考える。

(5) 頭中将の問いと永継の答えに、実忠の評価を加え、三者がうまくまとまるように工夫して解答する。

○重要単語チェック

□まゐる　□出御
□うちいづ　□優なり
□とりあへず　□ききとがむ
□わきて　□おもはゆ

さらに知っておこう

覚えておきたい慣用的に用いられる語

①ありつる＝さきほどの。もとの。
②ありける＝例の。以前の。
③さらぬ＝それ以外の。その他の。なんでもない。
④さりとも＝それにしても。いくらそうだといっても。
⑤さらでも＝そうでなくても。
⑥さるべき＝そうなるにふさわしい。相応だ。当然だ。
⑦さらなり＝言うまでもない。

10 説話 今昔物語集

時間 20分　合格 70点　得点 点

月 日

解答 別冊10ページ

（柿の木の上に突如として仏が現れ、人々は大騒ぎして拝み、六、七日が経った。）

その時に、光の大臣といふ人あり。深草の天皇[1]の御子なり。身の才[2]賢く、智明らかなりける人にて、この仏の現じ給ふことを、すこぶる[3]心得ず思ひ給ひけり。「実の仏のかくにはかⓐに木の末に出で給ふべき様なし。こは天狗などの所為にこそあるめれ。外術[4]は七日には過ぎず。今日、我行きて見む」と思ひ給ひて、出で立ち給ふ。日の装束[5]うるはしくして、檳榔毛の車[6]ⓑに乗りて、前駆[7]など①うるはしく具して、その所に行き給ひぬ。若干の[8]もろもろ集まれる人を掃ひ去けさせて、車をかきおろして、榻[9]を立て、車の簾を巻き上げて見給へば、実に木の末に仏［　　］。金色の光を放ちて、空より様々の花を散らすこと雨のごとし。見るⓒに、実に貴きこと限りなし。

しかるに[10]、大臣すこぶるあやしくおぼえ給ひければ、仏に向かひて、目をも瞬かずして、一時ばかり②まもり給ひければ、この仏しばらくこそ光を放ち花を降らしなどありけれ、③あながちにまもる時に、侘びて[11]、たちまちに大きなる屎鳶[12]の翼折れたるに成りて、木の上より土に落ちてふためくを[13]、多くの人これを見て、「奇異なり」と思ひけり。小童部寄りて、かの屎鳶をば打ち殺してけり。大臣は、「さればこそ。実の仏は何の故に、にはかに木の末には現れ給ふべきぞ。④人のこれを悟らずして、日ごろ拝みののしる[14]が愚かなるなり」といひてかへり給ひにけり。

(1)★ **波線部ⓐ～ⓒの「に」の文法上の説明として最も適切なものをそれぞれ次から選び、記号で答えよ。**（5点×3）

ア 完了の助動詞　**イ** 断定の助動詞　**ウ** 接続助詞　**エ** 格助詞

ⓐ（　　）ⓑ（　　）ⓒ（　　）

語注

1 **深草の天皇**＝仁明天皇のこと。
2 **身の才**＝身につけた才能。
3 **すこぶる**＝たいへん。とても。
4 **外術**＝外道の術。仏教の正当な教理から外れた宗教信仰の行法。
5 **日の装束**＝昼間の正装。束帯のこと。
6 **檳榔毛の車**＝ヤシ科の檳榔樹の葉を裂いたもので屋形を覆った牛車。一般の大臣や僧などが乗る。
7 **前駆**＝馬に乗って行列を先導する人。
8 **若干の**＝たくさんの。
9 **榻**＝車の轅を載せる台。
10 **しかるに**＝しかしながら。
11 **侘びて**＝こらえきれなくなって。
12 **屎鳶**＝天狗と同一視されることがある。
13 **ふためく**＝ばたばたと音を立てる。
14 **ののしる**＝大騒ぎする。

オ　形容動詞の活用語尾

(2)☆　傍線部①を、「その所」のさす場所を明らかにして現代語訳せよ。（25点）

（　　　　　）

(3)　□に入る語として最も適切なものを次から選び、記号で答えよ。（15点）

ア　まゐらす　イ　ある　ウ　をる
エ　まゐる　オ　まします

（　　）

(4)　傍線部②・③の意味として最も適切なものをそれぞれ次から選び、記号で答えよ。

②
ア　害が及ばないようにして　イ　警戒して　ウ　同じ姿勢を保って
エ　精神を集中して　オ　じっと見つめて

③
ア　強引に　イ　ひたすらに　ウ　異常に
エ　いちがいに　オ　まじめに

（10点×2）②（　　）③（　　）

(5)☆　傍線部④を、「これ」の内容を明らかにして現代語訳せよ。（25点）

（　　　　　）

〔清泉女子大―改〕

さらに知っておこう

✓「に」の識別 (1)

①**格助詞「に」**…格助詞「に」は、場所や時などを表す。体言＋「に」は格助詞と考える。（体言が省略されている場合があるので注意）

②**接続助詞「に」**…順接や逆接の確定条件を表す。連体形の下に体言が補えず、「に」の下に読点があれば接続助詞。

③**形容動詞の活用語尾「に」**…静かに、美しげになど。上に「いと」がつけば、形容動詞の活用語尾。「いとこまやかに」

読解のポイント

(1)　「さらに知っておこう」を参照。

(2)　「その所」は、光の大臣が**「今日、我行きて見む」と言って向かった先**である。また、何を「具して」いたかも明らかにするとよい。

(3)　主語が仏なので、**敬語**を用いる。

(4)　②「まもる」は「目(ま)＋守(も)る」が語源。③仏が「侘びて(困って)」しまうほど、光の大臣はどうしたのか。

(5)　大臣の発言から考える。「これ」を**光の大臣は悟っていた**が、人々は気がついていなかったので「愚かなる」行為をしたのである。

重要単語チェック

□すこぶる　□にはかなり
□うるはし　□まもる
□さればこそ　□ののしる

11

作り物語　堤中納言物語(つつみちゅうなごんものがたり)

蝶(てふ)[1]めづる姫君の住み給ふかたはらに、①按察使(あぜち)の大納言の御むすめ、[2]心にくくなべてならぬさまに、親たち[3]かしづき給ふ事かぎりなし。この姫君ののたまふ事、「人びとの花や蝶やとめづるこそ、はかなくあやしけれ。人はまことあり、[4]本地たづねたるこそ、心ばへをかしけれ」とて、よろづの虫のおそろしげなるをとり集めて、「これが成らむさまを見む」とて、さまざまなる籠箱(こばこ)どもに入れさせ給ふ。中にも、「②かはむしの心ふかきさましたるこそ心にくけれ」とて、明暮(あけくれ)は[5]耳はさみをして、手のうらにうつぶせて[6]まぼり給ふ。

若き人びとは、怖(お)ぢまどひければ、③男の童(をわらは)の物怖ぢせず、いふかひなきを召しよせて、箱の虫どもを取らせ、名を問ひ聞き、いま新しきには、名をつけて、興じ給ふ。「人はすべて[7]つくろふところあるはわろし」とて、眉(まゆ)さらに抜き給はず、歯ぐろめさらに、「[8]うるさし、きたなし」とてつけ給はず、いと④白らかに笑みつつ、この虫どもを朝夕(あしたゆふべ)に愛し給ふ。人びと怖ぢわびて逃ぐれば、その御方(おんかた)は、いとあやしくなむののしりける。かく怖づる人をば、「けしからず、[9]ばうぞくなり」とて、いと眉黒(まゆぐろ)にてなむにらみ給ひけるに、いと心地なむまどひける。

親たちは、「いとあやしく、さまことにおはするこそ」とおぼしけれど、「[10]おぼしとりたることぞあらむや。あやしきことぞ」とおぼいて、聞(きこ)ゆる事は、深くさからひ給へば、「いとぞかしこきや」と⑤これをもいと[11]はづかしとおぼしたり。

さはありとも、「[12]音聞きあやしや。人はみめをかしき事をこそこのむなれ。『[13]むくつけげなるかはむしを興ずなる』と、世の人の聞かむも、いとあやし」と聞え給へば、「くるしからず。よろづの事、もとをたづねて、末をみればこそ事はゆゑあれ。いとをさなきことなり。かはむしの蝶とはなるなり」と、そのさまのなり出(い)づるを、取り出でて見せ給へり。

語注

1 **めづる**＝「めづ」は、ほめる。珍重する。
2 **心にくく**＝奥ゆかしく。
3 **かしづき給ふ**＝大切に育てられる。
4 **本地**＝本質。
5 **耳はさみ**＝動きやすいように、垂れた額髪を耳にはさんで後ろにかきやること。
6 **まぼり給ふ**＝見守っておられる。
7 **つくろふ**＝ここは、装いを正す。化粧する。
8 **うるさし**＝わずらわしい。面倒だ。
9 **ばうぞく**＝だらしなく下品なこと。
10 **おぼしとりたること**＝何か考え悟っていらっしゃること。
11 **はづかし**＝ここは、気づまりである。
12 **音聞き**＝うわさ。風評。外聞。
13 **むくつけげなる**＝気味が悪い。

時間 20分
合格 70点
得点 点

月 日

解答 別冊11ページ

(1) 傍線部①の下に省略された言葉を、文語で答えよ。(10点)
（　　　　　　　　）

☆(2) 傍線部②の「かはむし」は毛虫のことであるが、「かはむし」のどんな点を「心ふかきさま」といったのか。二十字以内で答えよ。(20点)

(3) 傍線部③を、「男の童の」の「の」に注意して現代語訳せよ。(20点)
（　　　　　　　　）

(4) 傍線部④はどんな様子を描写したものか。具体的に二十五字以内で説明せよ。(20点)

(5) 傍線部⑤の「これ」の指すものを現代語で答えよ。(10点)
（　　　　　　　　）

☆(6) 「按察使の大納言の御むすめ」は、人間はどうあるべきだと考えているか。自分の言葉で五十字以内にまとめて書け。(20点)

［岡山大―改］

読解のポイント

(1) 先の「蝶めづる姫君」と対応していることをおさえる。

(2) 傍線部の前後に記されていないので、最後の段落の内容を手がかりに考える。

(4) この「白らかに」は、「歯ぐろめ……つけ給はず」からきている。

(6) 「按察使の大納言の御むすめ」の**会話文に着目する**。「人はまことあり、……」の一文、「よろづの事、……」の一文が目につくはずである。

重要単語チェック

- □めづ
- □心にくし
- □かしづく
- □本地
- □まぼる
- □いふかひなし
- □つくろふ
- □うるさし
- □はづかし
- □むくつけし

さらに知っておこう

∨同格「の」の判別と訳し方

①体言＋同格「の」…連体形…の形が多い。

例 黄なる葉どものほろほろとこぼれ落つる、いとあはれなり。

体言「葉ども」が、連体形「落つる」の下に省略されている形。

②同格「の」は、「〜デ・〜デアッテ」と訳す。また、連体形の下に体言を補う。

例 大きなる柑子(かうじ)の木の枝もたわわになりたるがまはりを、

（大きなみかんの木で枝もたわわに実がなっている木のまわりを、）

12

作り物語　落窪物語（おちくぼものがたり）

時間 20分
合格 70点
得点 　点

月　日

解答 ➡ 別冊12ページ

（少将が、姫君のもとに行こうとするが、雨のために通うことができず、手紙を書く場面である。）

暗うなるままに、雨いとあやにくに、頭（かしら）さし出づべくもあらず。少将、帯刀（たちはき）[1]に語らひ給ふ、「くちをしう、かしこには、①え行くまじかめり。この雨よ」とのたまへば、「ほどなく[2]。いとほしくぞ侍らむかし。さ侍れど、あやにくになる雨は、②いかがはせむ」、「心の怠りならばこそあらめ」、「③さる御文をだにものせさせ給へ」とて、気色いと苦しげなり。

「さかし[3]」とて書い給ふ。

「④いつしか参り来むとてしつるほどに、⑤かうわりなかめればなむ。心の罪にあらねど。疎（おろ）かに思ほすな」とて、帯刀も、「ただ今参らむ。君おはしまさむとしつるほどに、かかる雨なれば、くちをしと嘆かせ給ふ」と言へり[4]。

かかれば、いみじうくちをしと思ひて、帯刀が返り言[5]に、

「いでや、『降るとも[6]』といふ言（こと）もあるを、いとどしき御心ざまにこそあめれ。さらに聞こえさすべきにもあらず。御みづから[7]は、何の心地のよきにも、『来む』とだにあるぞ。かかる過（あやま）ちし出でて、かかるやうありや。さても、世の人は、『今宵来ざらむ[8]』とか言ふ⑥なるを、おはしまさざらむよ」と書けり。

君の御返りには、ただ、

世にふるをうき身と思ふわが袖の濡れ始めける宵の雨かな

とあり。

語注

1 **帯刀**＝少将の乳母子（めのとご）。姫君のもとにいるあこきとともに、少将と姫君の手紙の仲介をつとめている。

2 **ほどなく**＝姫のところに通い始めなさってまだ間もないのに。

3 **さかし**＝そうだね。もっともだ。

4 **言へり**＝ここでは「手紙を書いた」の意。

5 **帯刀が返り言**＝帯刀に対するあこきの返事。

6 **降るとも**＝たとえ雨が降っても（逢おうと約束しているから行こう）。「石上（いそのかみ）ふるとも雨に障（さは）らめや逢はむと妹に言ひてしものを」（拾遺集・大伴像見（おおとものかたみ））の歌による。

7 **御みづから**＝あなたご自身〈＝帯刀〉。

8 **今宵来ざらむ**＝今夜さえ来ない人を（いつまで待てばよいのか）。「夕占（ゆふけ）問ふ占にもよくあり今宵だに来ざらむ君をいつか待つべき」（拾遺集・柿本人麻呂（かきのもとのひとまろ））の歌による。

(1) **傍線部①・④の部分を現代語訳せよ。**（15点×2）

①（　　　　）

④（　　　　）

(2) **傍線部②の意味として最も適切なものを次から選び、記号で答えよ。**（15点）（　　）

ア どうするつもりですか　**イ** どうしたらいいでしょう

ウ どうしようもありませんね　**エ** どんな気持ちでいるでしょう

(3) **傍線部③は、A誰の、B誰に対する、Cどのような手紙か答えよ。**（5点×3）

A（　　　　）の　B（　　　　）に対する

C（　　　　）

(4) **傍線部⑤の意味として最も適切なものを次から選び、記号で答えよ。**（20点）（　　）

ア こんなふうに帯刀がひどく腹を立てるようなので、手紙を書きました。

イ こんなふうにあなたがひどく悲しむようなので、手紙を書きました。

ウ こんなふうにあなたがひどくお怒りになるようなので、うかがえません。

エ こんなふうに雨がひどく降るようなので、うかがうことができません。

(5)☆ **傍線部⑥「なる」と同じ語を含むものを次から選び、記号で答えよ。**（20点）（　　）

ア 日の都の人なり。　**イ** 今は武蔵の国になりぬ。

ウ この野は盗人あなり。　**エ** 寺のさまもいとあはれなり。

〔白百合女大〕

読解のポイント

(1) ①「え～打消」と「まじかめり」の解釈がポイント。

(2) 会話文全体の流れの中で考える。すぐ前の**「さ侍れど」を受けた内容**であることに注意。

(3) 直後の「**だに**」の解釈もヒントになる。「せめて……だけでも」の意。

(4) 「わりなし」は、しかたがない、やむを得ないの意。「なむ」は**係助詞**、下に省略されている内容を考える。

(5) 「**さらに知っておこう**」参照。

重要単語チェック

□あやにくなり　□くちをし

□ほど　□いとほし

□いつしか　□疎かなり

□うき身

さらに知っておこう

✓「なり」の識別

①**断定助動詞「なり」**…体言・連体形＋「なり」

例 女もしてみむとて、するなり。（…書くのである。）

②**伝聞・推定助動詞「なり」**…終止形（ラ変型は連体形）＋「なり」

例 秋の野に人まつ虫の声すなり。（…声がするようだ。）

ラ変型についた時は、「あんなり・美しかんなり」のように音便化し、さらに、「あなり・美しかなり」と表記されることが多い。

③**形容動詞の活用語尾**…例 庭のさまもあはれなり。

13 歌物語 大和物語(やまとものがたり) ①

時間 20分
合格 70点
得点　　点

月　日

解答 別冊14ページ

昔、奈良の[1]ⓐ帝に仕うまつる采女[2](うねめ)ありけり。顔かたちいみじう清らにて、人々よばひ、ⓑ殿上人などもよばひけれど、あはざりけり。そのあはぬ心は、帝を限りなくめでたきものになむ思ひたてまつりける。帝召してけり。さて、のち、またも召さざりければ、限りなく心憂し[3]と思ひけり。夜昼、心にかかりておぼえたまひつつ、恋しう、わびしうおぼえたまひけり。帝は、召ししかど、ことともおぼさず[4]。さすがに[5]、常は見えたてまつる。なほ世にⓒ経まじき心地しければ、夜、みそかに出でて、猿沢(さるさは)の池に身を投げてけり。かく投げつとも、帝はえ知ろしめさざりける[6]を、ことのついでありて、人のⓓ奏しければ、聞こしめしてけり。いといたうあはれがりたまひて、池のほとりにⓔ大御幸[7]したまひて、人々に歌よませたまふ。柿本(かきのもと)の人麿(ひとまろ)、

　わぎもこ[8]が寝くたれ髪を猿沢の池の玉藻と見るぞかなしき

とよめる時に、帝、

　猿沢の池もつらしなわぎもこが玉藻かづかば水ぞひなまし

とよみたまひけり。さてこの池に墓せさせたまひてなむ、かへらせおはしましけるとなむ。

(1) **傍線部ⓐ〜ⓔの読みを現代仮名遣いで答えよ。**(5点×5)

ⓐ(　　) ⓑ(　　) ⓒ(　　)
ⓓ(　　) ⓔ(　　)

(2) **次の①〜④の意味に相当する語句を文中からそのまま抜き出せ。**(5点×4)

①求婚し(　　) ②すばらしい(　　)
③こっそりと(　　) ④美しい(　　)

語注

1 **奈良の帝**＝奈良を都とした天皇の意。
2 **采女**＝地方豪族の容姿端麗な娘を宮中に出仕させ、帝の身辺の雑用をさせた。
3 **心憂し**＝つらい。情けない。
4 **ことともおぼさず**＝どうとも思ってはおられない。
5 **さすがに**＝副詞。①それはそうだが、しかし。②何といってもやはり。ここでは①の意。
6 **知ろしめさざりける**＝お知りにならなかった。「知ろしめす」は、ここでは、「知る」の尊敬語。知っていらっしゃる。
7 **御幸**＝天皇・上皇などの外出。
8 **わぎもこ**＝「わぎも」は「わがいも」の変化した形。「こ」は接尾語。男性の側から親しい女性をいう語。

(3)☆ **波線は前文のどの箇所を受けているか。次から選び、記号で答えよ。**（15点）

ア 限りなく心憂しと思ひけり。　**イ** 夜昼、心にかかりておぼえたまひつつ、

ウ 恋しう、わびしうおぼえたまひけり。　**エ** 帝は、召ししかど、

オ こともおぼさず。

（　　）

(4) **文中に、あるものを擬人化して述べてあるところがある。そのあるものは何か。五字以内で抜き出せ。**（20点）

(5)☆ **柿本の人麿の歌は、どんな立場を詠んだものか。最も適切なものを次から選び、記号で答えよ。**（20点）

ア 身投げした采女の心を想像して詠んだ。

イ 人麿自身のかなしみを詠んだ。

ウ 人びとの気持を代弁して詠んだ。

エ 帝の心になりかわって詠んだ。

（　　）

［東京経済大］

読解のポイント

(1) ⓒ「経」は、「まじ」がラ変を除く動詞の終止形に接続することから、**終止形**。「経」の終止形は何と読むか。

(2) 古語を現代語に言い改めるのとはちがい、現代語に相当する古語を探すのはむずかしい。①～④の順に、本文に出てくるとは限らないので注意すること。

(3) 「さすがに」が**逆接の働き**をしていることに着目する。

(5) 「見るぞかなしき」の**主体**を考える。「わぎもこ」とあるのが手がかりとなる。

重要単語チェック

□清らなり　□よばふ

□めでたし　□心憂し

□さすがに　□みそかなり

□知ろしめす　□御幸

□わぎもこ

さらに知っておこう

天皇や皇后に対する語

①「奏す」と「啓す」の違い

- **奏す**…「言ふ」の謙譲語。天皇または上皇・法皇に「申し上げる、奏上する」。
- **啓す**…「言ふ」の謙譲語。皇后・皇太子などに「申し上げる」。

②天皇や皇后の外出

- **行幸**（ぎやうかう）…天皇の外出。
- **行啓**（ぎやうけい）…皇后・皇太子の外出。
- **御幸**（みゆき）・**行幸**（みゆき）…上皇・法皇・女院の外出。
- **御幸**（ごかう）…天皇の外出。

14 歌物語　大和物語（やまとものがたり）②

時間 20分　合格 70点　得点　　点

月　日

解答→別冊15ページ

（女と契りを結んだ平中は女に手紙を送ろうとしたが、上司の酒に付き合って送れない。）

からうじて[1]帰るままに[2]、亭子の帝[3]の御ともに大井に率ておはしまし①ぬ。そこにまた二夜さぶらふに、いみじう酔ひⓐにけり。夜ふけて帰り給ふに、この女のがり[4]行かむとするに、方（かた）ふたがり[5]ければ、おほかたみな違（たが）ふ方へ、院の人々[6]類して往（い）ⓑにけり。「この女、いかにおぼつかなくあやし[7]と思ふらむ」と、恋しきⓒに、「②今日だに日もとく暮れなむ。行きて有様もみづから言はむ。かつ、文をやらむ」と、酔ひさめて思ひけるに、人なむ来てうちたたく。「たそ」と問へば、「なほ尉（ぞう）の君（きみ）[8]にもの聞（きこ）えむ[9]」といふ。さしのぞきて見れば、この家の女[10]なり。胸つぶれて、「こち、来」といひて、文をとりて見れば、いと香ばしき紙に、切れたる髪をすこしかいわがねて[11]つつみたり。いとあやしうおぼえて、書いたることを見れば、

あまのがはそらなるものとききしかどわがめのまへのなみだなりけり

と書きたり。あまになりたるなるべしと見るに、目もくれぬ[12]。心きもをまどはして[13]、この使に問へば、「はやう御ぐしおろし給うてき。かかれば御たち[14]も昨日今日いみじう泣きまどひたまふ。下種（げす）[15]の心地にも、いと胸いたくなむ。さばかりⓓに侍りし御ぐしを」といひて泣く時に、③男の心地いといみじ。

(1) 傍線部①と文法的に同じものを文中の波線部ⓐ〜ⓓから選び、記号で答えよ。（20点）
（　　）

(2) 傍線部②の現代語訳として最も適切なものを次から選び、記号で答えよ。（25点）
（　　）

ア きっと今日だけは日も早く暮れるだろう

語注

1 **からうじて**＝やっとのことで。
2 **ままに**＝〜するやいなや。
3 **亭子の帝**＝宇多天皇のこと。宇多院。
4 **がり**＝〜のもとへ。
5 **方ふたがり**＝方塞がりになり。方塞がりとは、陰陽道上、行こうとする方角がよくなく、目的地に行くことがはばかられること。
6 **院の人々**＝院（亭子）のお供の人々。院に仕える人々。
7 **おぼつかなくあやし**＝不安で変だ。
8 **尉の君**＝平中を指している。
9 **もの聞えむ**＝申し上げよう。
10 **この家の女**＝契りを結んだ女の家の下仕えの女を指す。
11 **かいわがねて**＝輪の形に曲げて。
12 **目もくれぬ**＝目の前が真っ暗になった。
13 **心きもをまどはして**＝心を乱して。
14 **御たち**＝「女」にお仕えする女房たち。
15 **下種**＝自分自身のことを指している。

イ　おそらく今日は日も早く暮れるだろう
ウ　その上今日までも日も早く暮れてほしい
エ　せめて今日だけでも日も早く暮れてほしい

(3)☆ 文中の和歌には掛詞が二か所で使われている。重ねられている意味を含めて説明せよ。（30点）

（　　　　）

(4)☆ 傍線部③における平中の気持ちを説明したものとして最も適切なものを次から選び、記号で答えよ。（25点）　（　　）

ア　契りを結んだ女が出家をする時に切ったという髪の美しさに、悲しいながらも思わず目を奪われている。
イ　契りを結んだ女が出家をしたことで使いの者たちも悲嘆にくれていると聞き、たいそう悲しんでいる。
ウ　契りを結んだ女の行方がわからなくなってしまったと使いの者から聞いて、心の底から心配している。
エ　契りを結んだ女の行方を探しているという女の家人たちに、できるだけ力になろうと強く決意している。

［名城大―改］

読解のポイント

(1) 傍線部①の「ぬ」は**連用形に接続**している。
(2) 「だに」は副助詞。下に願望を表す「なむ」が来ている。
(3) 女は**髪を下ろして**どうなるところなのか。女はそれを、現実では起こらないことだと思っていたのである。
(4) 使いの女の話を聞いて、「いみじ」と思っていることから考える。使いの女が何と言っているのかを正確に読み取ること。

重要単語チェック

□率る　□さぶらふ
□がり　□おぼつかなし
□とく　□御ぐしおろす
□下種

さらに知っておこう

さまざまな掛（懸）詞

あき（秋・飽き）　おと（音・訪れ）　あやめ（文目《あやめ》・菖蒲《あやめ》）
かる（離《か》る・枯る）　うき（憂き・浮き）　きく（菊・聞く）
しのぶ（忍ぶ・しのぶ草）　ふみ（文・踏み）

すむ（住む・澄む）　ふる（経《ふ》る・降る）
ながめ（眺め・長雨）　まつ（松・待つ）　はる（春・張る）
よる（夜・寄る）

15 歌物語 伊勢物語（いせものがたり）

むかし、紀[1]の有常（ありつね）といふ人ありけり。三代のみかどに仕うまつりて、①時にあひけれど、のちは世かはり時うつりにければ、世の常の人のごともあらず。人がらは、心うつくしく、②あてはかなることを好みて、こと人にもにず。貧しく経ても、なほ、むかしよかりし時の心ながら、世の常[2]のこともしらず。年ごろあひ馴れたる妻、Aやうやう床はなれて[3]、つひ[ア]に尼になりて、姉のさきだちてなりたる所へゆくを、男、まこと[イ]にむつましきこと[4]こそなかりけれ、いまはとⓐゆくを、いとあはれとⓑ思ひけれど、貧しければするわざもなかりけり。思ひわびて、Bねむごろにあひ語らひける友だちのもとに、「かうかう、③いまはとてまかるを、なにごともいささかなることもえせで、つかはすこと」と書きて、奥に、

手を折りてあひ見しことをかぞふれば十と[5]いひつつ四つは経[ウ]にけり

かの友だちこれを見て、いとあはれと思ひて、夜の物[6]までおくりてよめる。

年だ[エ]にも十とて四つ[7]は経にけるをいくたび君をたのみ来ぬらむ

かくいひやりたりければ、

これやこのあまの羽衣むべしこそ[8]君がみけし[9]とたてまつりけれ

よろこび[オ]にたへで、また、

秋やくるつゆやまがふと思ふまであるは涙のふる[カ]にぞありける

(1) 傍線部①～③を現代語訳せよ。（20点×3）

①（　　　　）

語注

1 **紀の有常**＝仁明（にんみょう）・文徳（もんとく）・清和（せいわ）の三天皇に仕えた。娘は在原業平（ありわらのなりひら）の妻。
2 **世の常のこともしらず**＝世間のあたりまえのこともわからない。
3 **床はなれて**＝寝床を共にしなくなって。
4 **むつましきこと**＝親密なこと。
5 **十といひつつ四つ**＝四十年。
6 **夜の物**＝夜、寝るときに用いるもの。夜具。
7 **十とて四つ**＝四十年。
8 **むべしこそ**＝「むべ」は「うべ」と同じで、それを強めた言い方。なるほど。いかにも。
9 **みけし**＝御衣と書く。着物の敬称。お召し物。

時間 20分
合格 70点
得点 　点

月　日

解答 別冊16ページ

②（　　　　　　　　　　）

③（　　　　　　　　　　）

(2) **二重波線部A・Bの語句の意味を答えよ。**（5点×2）

A（　　　　　　）B（　　　　　　）

(3) **波線部ⓐ・ⓑの主語を答えよ。**（5点×2）

ⓐ（　　　　　　）ⓑ（　　　　　　）

(4)☆ **二重傍線部ア〜カの「に」の中から、副詞の一部であるものを二つ選べ。**（10点）

（　　・　　）

(5)☆ **この作品と同じジャンルの作品を、次から二つ選び、記号で答えよ。**（10点）

ア 宇津保物語　**イ** 落窪物語　**ウ** 平中物語　**エ** 堤中納言物語
オ 大和物語　**カ** 浜松中納言物語　**キ** 狭衣物語　**ク** とりかへばや物語
ケ 唐物語　**コ** 住吉物語　**サ** 松浦宮物語

（　　・　　）

［弘前大―改］

読解のポイント

(1) ①「時にあふ」は、「よい時機にめぐりあって栄えること。時めく」。時めいているときはよかったが、後にどうなったのか。②「あてはか」は、「あてやか」と同じで、「**貴はか**」と書く。③「まかる」と「つかはす」は、**同じ行動を別の立場から表現したもの**。

(3) ⓐすぐ前にも「姉のさきだちてなりたる所へゆく」とある。

(4) 「さらに知っておこう」「に」の識別(1)・(2)参照。

重要単語チェック

□やうやう　□むつまし
□わぶ　□ねむごろなり
□まかる　□つかはす
□たてまつる　□まがふ

さらに知っておこう

〉**「に」の識別 (2)**

①**完了の助動詞**……完了の助動詞「ぬ」の連用形「に」
「にき」「にけり」の形は、完了の助動詞と考えてよい。（「にし」「にけれ」など変化した形もあるので注意）

②**断定の助動詞**……断定の助動詞「なり」の連用形「に」
「にあり」「にはべり」の形は断定。（「に」の下に「や・も」が入る）

③**動詞の活用語尾**
ナ変動詞「死ぬ・往ぬ」の連用形、「死に・往に」に注意。

④**副詞の一部**
上に「いと」がつけば形容動詞、つかなければ副詞。
○いとこまやかに（形容動詞）　×いとまことに（副詞）

16 歴史物語 大鏡(おおかがみ)

延喜(えんぎ)[1]の、世間の作法したため[2]させ給ひしかど、過差(くわさ)[3]をばえしづめ[4]させ給はざりしに、この殿[5]、制を破りたる御装束の、ことのほかにめでたき[6]をして、内に参り給ひて、殿上(てんじやう)にさぶらはせ給ふを、帝、小蔀(こじとみ)[7]より御覧じて、御けしきいとあしくならせ給ひて、職事(しきじ)[8]を召して、「世間の過差の制きびしき頃、左の大臣(おとど)の、一の人といひながら、美麗ことのほかにて参れる、便なき[9]ことなり。はやくまかり出づべきよし仰せよ」と仰せられければ、うけたまはる職事は、いかなることⓐにか、とおそれ思ひけれど、参りて、わななくわななく[10]①「しかじか」と申しければ、いみじく驚き、かしこまり承りて、御随身(みずいしん)の御先(みさき)[11]参るも制し給ひて、急ぎまかり出で給へば、御前(ごぜん)どもあやしと思ひけり。さて、本院の御門一月ばかり鎖(さ)させて、御簾(みす)の外(と)にも出で給はず、人などの参るにも、②「勘当(かんだう)[12]の重ければ」とて、会はせ給はざりしにⓑこそ、世の過差はたひらぎ[13]たりしか。うちうちによく承りしかば、③さてばかりぞしづまらむとて、帝と御心あはせさせ給へりけるとぞ。

(1) **傍線部ⓐ「に」の文法的説明として最も適切なものを次から選び、記号で答えよ。**(15点)

ア 動詞の活用語尾　**イ** 形容動詞の活用語尾　**ウ** 副詞の一部
エ 完了の助動詞　**オ** 断定の助動詞　**カ** 格助詞　**キ** 接続助詞

（　　）

(2) **傍線部ⓑの係助詞「こそ」を受ける結びの単語を記せ。**(15点)

（　　）

語注

1 **延喜**＝六十代醍醐(だいご)天皇。
2 **したため**＝整え。片づけ。
3 **過差**＝分を超えたぜいたく。
4 **しづめ**＝過度のものを抑え。
5 **この殿**＝左大臣藤原時平(ふじわらのときひら)。
6 **めでたき**＝立派な。
7 **小蔀**＝清涼殿の殿上の間にある、蔀(格子戸に板を張ったもの)のある小窓。
8 **職事**＝蔵人。
9 **便なき**＝不都合な。けしからん。
10 **わななく**＝わなわなと震える。
11 **御先**＝先払い。
12 **勘当**＝不品行のため、君・父・師などに縁を絶たれ、寄せつけられないこと。目上の人のおとがめ、おしかり。
13 **たひらぎ**＝おさまる。静まる。

時間 20分
合格 70点
得点　　点

月　　日

解答 別冊17ページ

(3)★ 傍線部①は具体的にどういうことをいっているのか。五十字以内で説明せよ。（25点）

(4) 傍線部②を三十字以内で現代語訳せよ。（25点）

(5)★ 傍線部③は語り手の言葉である。その大意として最も適切なものを次から選び、記号で答えよ。（20点）

ア そんなことをして過差をつのらせるのは不都合だ、と天皇に忠告した。
イ そんなことをすれば過差はいよいよひどくなるだろう、と天皇に申し上げた。
ウ そんな具合にしてこそ世の過差もおさまるだろう、と天皇とうちあわせて行った。
エ どんなふうにすれば世の過差はおさまるか、ということを天皇と細かく相談した。
オ どんなふうにしても世の過差はやむまい、と天皇と嘆きあった。

（　　）

[立教大]

読解のポイント

(1) 「いかなることにか」は「いかなることにかあらん」の略で、「いかがなものだろうか」の意。
(2) 「こそ」の結びだから、已然形の語を探す。
(3) 「しかじか」は「かようかよう」の意で、この場合は、その前の帝の言葉の部分を指す。
(4) 「会はせ」の「せ」が使役でなく、尊敬の意であることをおさえる。
(5) 「しづまらむ」は、「世の過差がおさまるだろう」の意。冒頭部の「過差をばえしづめさせ給はざりしに」と照応している。

重要単語チェック

□したたむ　□しづむ
□めでたし　□便なし
□わななく　□たひらぐ

さらに知っておこう

歴史物語の系譜
歴史物語は栄花（えいが）物語と「大（だい）・今（こん）・水（みず）・増（ます）」の四鏡と覚えよう。
①**栄花物語**…編年体。道長（みちなが）の一生の栄華を中心に描く。
②**大鏡**…紀伝体。道長の栄華を記しながら、道長に対して批判的。大宅世継（おおやけのよつぎ）と夏山繁樹（なつやまのしげき）との対話による回想の形をとる。
③**今鏡**…紀伝体。「大鏡」の設定を受け継ぎ大宅世継の孫娘が語る。
④**水鏡**…編年体。神武（じんむ）天皇から五十四代の歴史を記したもの。
⑤**増鏡**…編年体。後鳥羽（ごとば）天皇から後醍醐（ごだいご）天皇までの十五代約一五〇年の歴史。

17 歴史物語 栄花物語（えいがものがたり）

時間 20分　合格 70点　得点　　点

月　日

解答 ▶ 別冊18ページ

（一条帝の譲位の折、次帝の東宮に一宮敦康親王ではなく、二宮敦成親王が立つと決まったことについて、中宮彰子と藤原道長とが語り合う場面である。）

中宮は若宮[1]の御事の定まりぬるを、例の人[2]におはしまさば、是非なくうれしうこそはおぼしめすべきを、「上は①道理のままにとこそはおぼしつらめ。かの宮も、『さりともさやうにこそはあらめ』とⅠおぼしつらんに、かくア世の響きにより、引き違へ[3]おぼし掟つる[4]にこそあらめ。さりともと御心のうちの嘆かしう安からぬ事には、これをこそおぼしめすらん[5]に。いみじう心苦しういとほしう。若宮はまだいとをさなくおはしませば、おのづからイ御宿世にまかせてもありなんものを」など、おぼしめいて、殿の御前[6]にも、「②なほこの事いかでさらでありにしがなとなん思ひ侍る。かの御心のうちには、年来おぼしめしつらん事の違ふをなん、いと心苦しうわりなき[7]」など、泣く泣くといふばかりに申させ給へば、殿の御前、「③げにいとありがたき事にもおはしますかな。またさるべき事なれば、げにと思ひ給へてなん掟て仕うまつるべきを、上おはしまして、ウあべい事[8]どもをつぶつぶと仰せらるるに、『いな、なほ悪しう仰せらるる事なり。エ次第にこそ』とⅡ奏し返すべき事にも侍らず。世の中いとはかなう侍れば、かくて世に侍る折[9]、さやうならん御有様[10]も見奉り侍りなば、後の世も思ひなく心安くてこそ侍らめとなん思ひ給ふる」と申させ給へば、またこれもオことわりの御事なれば、返し聞こえさせ給はず。

語注

1 **若宮**＝自分が生んだ二宮敦成親王のこと。
2 **例の人**＝例人に同じ。ふつうの人。
3 **引き違へ**＝予想に反して。
4 **おぼし掟つる**＝心にお決めになる。
5 **これをこそおぼしめすらん**＝このことばかりお思いになっていらっしゃるでしょう。
6 **殿の御前**＝貴人に対する敬称。ここは藤原道長のこと。
7 **心苦しうわりなき**＝心苦しくてたえがたい。
8 **あべい事**＝「有るべき」の音便。「あんべい」の「ん」を表記しない形。
9 **かくて世に侍る折**＝どうにか自分が生きております間。
10 **さやうならん御有様**＝そのような有様。自分の孫が東宮になること。

【人物関係図】

- 関白 藤原道隆〈故人〉 ― 定子〈故人〉
  - 定子 ＝ 一条天皇 ― 一宮敦康親王
- 左大臣 藤原道長 ― 中宮彰子
  - 中宮彰子 ＝ 一条天皇 ― 二宮敦成親王

(1)☆ 傍線部①「道理のまま」と同じ意味内容を表すものを波線部から一つ選び、記号で答えよ。(20点)　(　　　)

(2)☆ 二重傍線部Ⅰ・Ⅱの主語はそれぞれ誰か。次から選び、記号で答えよ。(20点)　(　　　)

ア Ⅰは一宮、Ⅱは上　イ Ⅰは一宮、Ⅱは殿の御前　ウ Ⅰは中宮、Ⅱは上
エ Ⅰは二宮、Ⅱは殿の御前　オ Ⅰは二宮、Ⅱは中宮

(3) 傍線部②・③の意味として最も適切なものを、それぞれ次から選び、記号で答えよ。(30点×2) ②(　　　) ③(　　　)

②
ア なるほど今度の東宮の件は、こんなに問題にしてはいけないことなのだなあ。
イ どうしても今度の御譲位の件は、こんなにお急ぎになってほしくないよ。
ウ やはり今度の東宮の件は、ぜひそうならないようにしたいものだ。
エ それにしても今度の御譲位の件は、どうか平穏であってほしいものだ。

③
ア 確かにとてもすぐれた解決方法をお考えになりましたね。
イ まったくとても貴いお考えに感服いたしましたよ。
ウ 実のところとても珍しい思いつきであることにびっくりいたしました。
エ 本当にめったに見られないほどのご配慮でいらっしゃいますね。

〔神戸学院大―改〕

読解のポイント

(1) 「道理」は物事の正しい筋道。ここでは第一子の敦康親王が順序通りに東宮になること。

(2) Ⅰは、直前の「さりともさやうにこそはあらめ」の内容を考える。「さりとも」は、いくらそうであっても、の意。Ⅱは、「**奏す**」という動詞が用いられていることから考える。

(3) ②は、「さらで」の解釈がポイント。③の「ありがたき事」とは、その前にある中宮の会話を受けて言ったもの。その内容との関連で考える。

重要単語チェック

□おぼしめす　□いとほし
□いかで　□わりなし
□ありがたし　□さるべき
□奏す　□はかなし
□ことわり

さらに知っておこう

願望・希望の「ばや・なむ・がな」

①文末が未然形＋「ばや」は、自己の希望。
例 時鳥(ほととぎす)の声たづねに行かばや。(…行きたい)

②文末が未然形＋「なむ」は、〜してほしいという他への希望。
例 桜花散らずあらなむ還り来るまで。(…散らないでいてほしい)

③「がな」は、自己の願望。「〜にしがな・〜てしがな」の形。
例 山にこもりにしがな。(山にこもりたいなあ)
例 このかぐや姫を得てしがな、(…手に入れたいものだ)

18

軍記物語

平家物語（へいけものがたり）

時間 20分

合格 70点

得点　　点

月　日

解答 別冊19ページ

（大臣重盛は未来を見通すようなところがあり、平家一門が滅ぶ夢を見た翌朝、嫡子（ちゃくし）の権（ごんの）亮維盛（すけこれもり）が院の御所へ参上しようとするのを呼び止めて、酒を勧めた。）

この盃をば、まづ少将[1]にこそとらせたけれども、親より先にはよものみ給はじ[2]なれば、重盛まづ取あげて少将にささん、とて、三度うけて少将にぞさされける。少将又三度うけ給ふ時、いかに貞能、引出物せよ、とのたまへば、畏（かしこ）まつて①承り、錦の袋に入れたる御太刀を取出す。②あはれ是は、家に伝はれる小烏[3]（こがらす）といふ太刀やらんなんど、よにうれしげに思ひて見給ふ処に、さはなくして、大臣葬（さう）の時もちゐる無文の太刀[4]にてぞ有ける。其時少将けしき変はつて[5]、よにいまはしげに見給ひければ、大臣涙をはらはらと③流いて、いかに少将、それは貞能がとが[6]にもあらず。其の故は如何にと言ふに、此の太刀は大臣葬の時もちゐる無文の太刀也。入道いかにもおはせん時[7]、重盛がはいて供せんとて［　　］ども、今は重盛、入道殿に先立ち④奉らんずれば、御辺に奉るなり、とぞのたまひける。少将是を聞き給ひて、⑤とかうの返事にも及ばず、涙にむせびうつぶして、其の日は出仕もし給はず、引きかづきて[8]ぞ臥し給ふ。其の後大臣熊野[9]へ参り、下向して[10]病つき、幾程もなくして、遂に失せ給ひけるにこそ、げにもと思ひ知られけれ。

語注

1 **少将**＝維盛のこと。

2 **よものみ給はじ**＝決してお飲みにならないだろう。

3 **小烏**＝大和の刀匠天国（あまくに）の手になる両刃造りの宝刀で、目貫に烏が造作されているという。平家一門の家宝。

4 **無文の太刀**＝鞘が黒塗りで紋をつけず、蒔絵等の装飾を施していない太刀。通常は六位以下が用いるが、凶事には上位の公卿も用いた。

5 **けしき変はつて**＝様子が変わって。

6 **とが**＝誤り。過ち。

7 **いかにもおはせん時**＝お亡くなりになるような時。「いかにもなる」は「死ぬ」を婉曲に表す表現で、ここはその敬語表現。

8 **引きかづきて**＝（衣を）引きかぶって。

9 **熊野**＝熊野神社。

10 **下向して**＝（参詣から）帰って。

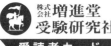

株式会社 増進堂
受験研究社

愛読者カード

本書をお買い上げいただきましてありがとうございます。あなたのご意見・ご希望を参考に今後もより良い本を出版していきたいと思います。ご協力をお願いします。

1. この本の書名(本のなまえ)　　お買い上げ

年　　月

2. どうしてこの本をお買いになりましたか。

□書店で見て　□先生のすすめ　□友人・先輩のすすめ　□家族のすすめ
□塾のすすめ　□WEB・SNSを見て　□その他(

3. 当社の本ははじめてですか。

□はじめて　□2冊目　□3冊目以上

4. この本の良い点，改めてほしい点など，ご意見・ご希望をお書きください。

5. 今後どのような参考書・問題集の発行をご希望されますか。あなたのアイデアをお書きください。

6. 塾や予備校，通信教育を利用されていますか。

塾・予備校名 [　　　　　　　　]
通信教育名　 [　　　　　　　　]

企画の参考，新刊等のご案内に利用させていただきます。　2024

郵便はがき

お手数ですが
切手をおはり
ください。

550-0013

大阪市西区新町3-3-6
受験研究社
愛読者係 行

●ご住所 □□□-□□□□

TEL(　　　　　　　　　　)

●お名前　　　　※任意 (男・女)

●在学校 □保育園・幼稚園 □中学校 □専門学校・大学 □小学校 □高等学校 □その他(　　　　) 学年(歳)

●お買い上げ書店名(所在地)　　書店(　　　　市区町村)

●すてきな賞品をプレゼント!
お送りいただきました愛読者カードは、毎年12月末にしめきり,
抽選のうえ100名様にすてきな賞品をお贈りいたします。

●LINEでダブルチャンス!
公式LINEを友達追加頂きアンケートにご回答頂くと,
上記プレゼントに加え，夏と冬の特別抽選会で記念品を
プレゼントいたします!

当選者の発表は賞品の発送をもってかえさせていただきます。 https://lin.ee/cWvAhtW

(1)☆ 傍線部①・④について、Ⅰ敬語の種類を答えよ。また、Ⅱ誰から誰への敬意であるかをそれぞれ次から選び、記号で答えよ。（5点×4）

Ⅰ ①（　　） ④（　　）

Ⅱ ①（　　から　　へ） ④（　　から　　へ）

ア 語り手　**イ** 維盛　**ウ** 院　**エ** 貞能　**オ** 重盛　**カ** 入道

(2) 傍線部②を品詞分解せよ。（20点）

（　　　　）

(3) 傍線部③は「流し」のイ音便形である。同様の音便形で表記されている動詞を文中から探し、元の語形で答えよ。（15点）

（　　　　）

(4) □に入る助動詞「たり」・助動詞「つ」・動詞「持つ」の三語を適切な順序と活用形にして答えよ。（20点）

（　　　　）

(5)☆ 傍線部⑤を文脈を踏まえつつわかりやすく現代語訳せよ。（25点）

（　　　　）

［熊本県立大—改］

読解のポイント

(1) ①直前の「**畏まって**」がどのような様子かを考える。④直前の「**入道殿**」は『**平家物語**』**においては平清盛**を指す。

(2) **三語**に分けられる。

(3) 音便は「**て**」「**たり**」に続くときに発生することを踏まえて、イ段の音を探す。

(4) 「**ども**」に続く活用形は何か。

(5) **少将の気持ち**を考える。「とかう」は下に打ち消しの語を伴って、「どうにも」の意。

重要単語チェック

- □よも(〜じ)　□畏まる
- □よに　□けしき
- □いまはしげなり　□とが
- □失す　□げにも

さらに知っておこう

軍記物語の系譜

軍記物語(戦記物語)の代表作は、平家物語と太平記である。

①**平家物語**…平家一門の栄枯盛衰を流麗な和漢混交文で描く。

②**太平記**…和漢混交文で、南北朝の歴史的推移を描く。

③**保元物語**…和漢混交文で、保元の乱とその戦後の経緯を描く。

④**平治物語**…和漢混交文で、平治の乱を描く。③とともに軍記物語の先駆けとなる。

⑤**源平盛衰記**…『平家物語』の異本の一つと考えられている。

⑥**曾我物語**…曾我兄弟の仇討物語。浄瑠璃・歌舞伎の素材となる。

19 軍記物語　保元物語（ほうげんものがたり）

時間 20分
合格 70点
得点 　点

月　日

解答 ➡ 別冊20ページ

（藤原頼長（ふじわらのよりなが）を中心とする崇徳院方と信西[1]（しんぜい）を中心とする後白河天皇方の間で戦が起き、「保元（ほうげん）の乱」と呼ばれる。ここは、両者の衝突直前の緊迫した場面である。）

左大臣殿[2]は宇治におはしましけるが、新院[3]すでに白河殿へ御幸[4]成りたるよし聞こえければ、式部大夫盛憲を使者として、①実否（じつぷ）のやう、急ぎ見まゐらせてまゐれとつかはさる。盛憲急ぎ帰りまゐり、このよしを申しければ、左大臣殿さらばとて急ぎまゐらⓐせ給ふ。わが身は②あやしげなる張輿[5]（はりごし）にやつれ給ひて、醍醐路よりしのびしのびにまゐる。御車には菅給料登宣（くわんきふれうのりのぶ）、山城前司重綱（しげつな）二人をのせて、左大臣殿の御所へまゐらせ給ふよしをののしりて[6]、六波羅の前をやり通す。兵どもこれを見て、左大臣殿の御通りのよし内裏へ告げ申して、車をおさへける。信西③このことを心得て、「左府の乗らⓑせ給ひたるにてはよもあらじ。ただ通すべし」とて通しけり。昔、漢の高祖と項羽（かうう）と合戦せしに、高祖のいくさやぶれてあやふかりける時にのぞみて、紀信といふ兵を高祖の車に乗せて、項羽の陣の前を［　　］ときに、高祖はひそかにのがれさりぬ。ここに項羽の兵ども、高祖の車とておしとどむ。されども紀信一人乗つたりける。この紀信と申すは、天下にすぐれたる兵なりければ、項羽これを害せんことを惜しみ、「汝（な）、われに従へ。助くべし」といふ。紀信あざわらつていふ、「忠臣は二君に事（つか）へず。なんぞ[7]項羽が奴[8]（やつこ）とならんや」といふ。項羽いかりをなして、紀信を殺せりといへり。左府もこの例を思し召しいだされけるにや。信西もまたこのことを思ひあはせけるにこそ。④いづれもゆゆしく[9]聞こえし。されども登宣・重綱は紀信が心には似ず、白河殿へまゐりて、「あな[10]おそろし。鬼の打飼[11]（うちかへ）にこそなりつれや」とてわなくわなく車のうちよりくづれおつ。

語注

1 **信西**＝藤原道憲（ふじわらのみちのり）。後白河天皇の側近として「保元の乱」を主導したとされる。
2 **左大臣殿**＝藤原頼長。左府とも称せられる。
3 **新院**＝崇徳院。
4 **御幸**＝天皇のお出まし。
5 **張輿**＝略式の輿で、屋形と両側に畳表を張ったもの。
6 **ののしりて**＝声高く言い騒いで。
7 **なんぞ**＝副詞。ここでは反語。どうして〜かの意。
8 **奴**＝家来。
9 **ゆゆしく**＝程度がはなはだしい感じ。ここでは、すばらしい。りっぱだの意。
10 **あな**＝感動詞。ああ。
11 **打飼**＝えさ。

(1) **□に入る語を文中から抜き出せ。**（10点）　（　　　）

(2) **二重傍線部ⓐ・ⓑは、誰(だれ)の誰に対する敬意を表しているか。**（10点×2）

ⓐ（　　→　　）　ⓑ（　　→　　）

(3) **傍線部①は、何についての「実否」か。それに該当する箇所を抜き出せ。**（15点）

（　　　）

(4) **傍線部②を現代語訳せよ。**（20点）

（　　　）

(5)☆ **傍線部③は、具体的にどういうことを指しているか。二十字以内で答えよ。**（20点）

(6)☆ **傍線部④は、何について批評したものか。最も適切なものを次から選び、記号で答えよ。**（15点）　（　　）

ア 高祖も頼長もともに同じ計略で成功したこと。

イ 頼長も信西もともに相手の動きを読んでいたこと。

ウ 高祖は敗れ、紀信は殺されてともに非運に終わったこと。

エ 登宣も重綱もともに必死の思いで御車に乗ったこと。

オ 頼長も信西もともに中国の故事に通じていたこと。

[青山学院大―改]

読解のポイント

(1) 左大臣が自分の代わりに、登宣・重綱を車に乗せたことと、昔、高祖が自分の代わりに、紀信を車に乗せたこととを重ねて考える。

(2) 「誰の」は、地の文の場合は**書き手(作者)**、会話文の場合は会話の**話し手**と決まっている。

(3) どういううわさが流れていたかを見定める。

(5) 信西がなぜその車を通したかを考える。

(6) 「ゆゆし」がここでは**よい意味**で用いられている。

重要単語チェック

□あやしげ　□やつる

□ののしる　□ゆゆし

□あな　□わななく

さらに知っておこう

「じ」の用法

①「じ」は、推量「む」の反対語で、打消推量「〜ないだろう」。

例 山の端(は)なくは月も入らじを（…月も沈まないだろうに）

②「む」の意志と同様、「じ」にもある打消意志「〜たくない」。

例 涙出でければ、色に見えじと（…顔に出して見られたくないと）

20

歌論書　俊頼髄脳（としよりずいのう）

源俊頼（みなもとのとしより）

時間 20分　合格 70点　得点　　点

月　日

解答 ➡ 別冊21ページ

　貫之（つらゆき）が馬に乗りて、和泉（いづみ）の国におはしますなる蟻（あり）通しの明神の御前を、暗きにえ知らで通りければ、馬にはかに倒れて死にけり。いかなることにかと驚き思ひて、火のほかげ[1]に見れば、神の鳥居の見えければ、「いかなる神のおはしますぞ」と①尋ねければ、「これは、蟻通しの明神と申して、ものとがめいみじくせさせ給ふ神なり。もし、②乗りながらや通り給へる」と人の言ひければ、「いかにも[2]、暗さに、神おはしますとも知らで過ぎ侍りにけり。いかがすべき」と、社の禰宜（ねぎ）[3]を呼びて問へば、その禰宜、③ただにはあらぬ様なり、「汝（なんぢ）、我が前を馬に乗りながら通る。すべからく[4]は、知らざれば許しつかはすべきなり。しかはあれど、④和歌の道をきはめたる人なり。その道をあらはして過ぎば、馬さだめて立つことを得むか。これ、明神の御託宣[5]なり」と言へり。貫之、たちまち水を浴びて、この歌を詠（よ）みて、紙に書きて、御社の柱に押しつけて、拝入りて、とばかり[6]あるほどに、馬起きて、身ぶるひをして、いなきて立てり。禰宜、「⑤許し給ふ」とて覚めにけり、とぞ。

　あま雲の立ち重なれる夜半（よは）[7]なれば⑥神ありとほし思ふべきかは

(1) **傍線部①は、誰（だれ）が、誰に対しての行為か。**（15点）　（　　）が（　　）に

(2) **傍線部②を現代語訳せよ。**（20点）　（　　）

(3) **傍線部③の説明として最も適切なものを次から選び、記号で答えよ。**（15点）　（　　）

語注

1 **ほかげ**＝ともしびの光。火の光。

2 **いかにも**＝ここでは、確かに。そのとおりだの意。

3 **禰宜**＝神主の下に位する神職。神職の総称としても用いる。

4 **すべからく**＝副詞。多く下に「べし」が呼応する。しなければならないこと。当然。

5 **託宣**＝神霊が人にのりうつったり、夢に現れたりして、その意思を告げ知らせること。神のお告げ。

6 **とばかり**＝副詞。ほんのちょっとの間。しばらく。

7 **夜半**＝夜中。夜ふけ。

ア　神がのりうつっている様　　イ　とても狡猾な様
ウ　何かを期待している様　　エ　非常に高貴な様
オ　憤激している様

(4)　**傍線部④は、誰が、どういう人であるといっているのか。十五字以内で答えよ。**（20点）

(5)　**傍線部⑤の動作主（主語）を答えよ。**（15点）（　　　）

(6)★　**傍線部⑥の大意として最も適切なものを次から選び、記号で答えよ。**（15点）（　　　）

ア　神が通してくれるとよいのに。
イ　神が通る人を見とがめたのだ。
ウ　神がいるとは思いもよらなかった。
エ　神に敬意を払わなければならないのか。
オ　神のことがいっそう尊く思われることだ。

［青山学院大］

読解のポイント

(1)　中心人物が「貫之」で、その貫之が「人」あるいは「禰宜」と話しているのである。

(2)　「や」を**疑問の助詞**と見きわめるのがポイント。

(3)　禰宜の会話中の「これ、明神の御託宣なり」が手がかりになる。

(4)　「きはむ」は、この上ない所まで達しつくす意。**貫之（紀貫之）**は、『**古今和歌集**』の撰者の一人。

(5)　その前の会話文に続けてみると、「給ふ」が誰に対する敬意かわかる。

(6)　「思ふべきかは」の「かは」は、**反語の助詞**である。

重要単語チェック

□ほかげ　□いかにも
□すべからく　□託宣
□とばかり　□夜半

さらに知っておこう

文末にある係助詞「か」・「や」の用法

①「か」「や」は、疑問・反語を表す。「か（かは）」「や（やは）」は文末に用いられることがあり、この場合には係り結びは作らない。

例　程へて見るは恥づかしからぬかは。（しばらくして会うのは気がひけないだろうか。いや気がひけるものだ。）

例　我ばかりかく思ふにや。（わたしだけがこのように思うのではなかろうか。）

②「や」は、疑問・反語を表す。詠嘆を表す間投助詞「や」に注意する。

例　類なくぞ見ゆるや。（比類ないものに見えることだなあ。）

21 歌論書 無名抄　鴨長明

時間 20分　合格 70点　得点 　点
月　日
解答 ▶ 別冊22ページ

俊恵云、①「五条三位入道のもとにまうでたりしついでに、『御詠の中には、いづれをか優れたりと思す。よその人様々に定め侍れど、それをば用ゐ侍るべからず。正しくうけ給はらんと思ふ』と②聞え[1]しかば、

『③夕されば野辺の秋風身にしみて鶉[2]鳴くなり深草の里

是をなん、身にとりてはおもて歌[3]と思ひ給［X］』といはれしを、俊恵又云、『世にあまねく人の申し侍るは、

面影に花の姿を先立てて幾重越え来ぬ峰の白雲

是を優れたるやうに④申し侍るはいかに』と聞ゆれば、『⑤いさ[4]。よそにはさもや定め侍るらん。知り給へず。猶自らは先の歌にはいひ較ぶべからず』とぞ侍りしと語りて、是をうちうちに申ししは、「彼の歌は、『［　　］』と云ふ腰の句[5]のいみじう無念に[6]覚ゆるなり。是程に成りぬる歌は、景気[7]をいひ流して、ただ⑥空に身にしみけんかしと思はせたるこそ、心にくくも優にも侍れ。いみじういひもて行きて、歌の詮とすべきふしをさはといひ現したれば、むげにこと浅く成りぬる」とて、その次に、「わが歌の中には、

み吉野の山かき曇り雪降れば麓の里はうち時雨つつ[8]

是をなん、⑦彼の類にせんと思う給ふる。もし世の末におぼつかなく[9]云ふ人もあらば、『かくこそいひしか』と語り給［Y］」とぞ。

(1)★ **傍線部①「五条三位入道」で始まる会話の終わりはどこか。三字を抜き出せ（句読点は含まない）。**（10点）

語注

1 **聞え**＝ここでは、「言ふ」の謙譲語。申し上げて。
2 **鶉**＝キジ科の鳥。草原に住み、声が美しい。体は丸くふくれる。
3 **おもて歌**＝代表的な歌。
4 **いさ**＝副詞。ふつう下に「知らず」を伴って、さあどうだか（わからない）の意。
5 **腰の句**＝和歌の第三句。
6 **無念に**＝くやしく。残念に。
7 **景気**＝様子。ありさま。
8 **時雨つつ**＝しぐれが降って。
9 **おぼつかなく**＝ここでは、はっきりしないの意。

(2) X・Y に入る活用語尾をそれぞれ記せ。（5点×2）
X（　　）　Y（　　）

(3) □に入る語を文中から抜き出せ。（10点）
（　　）

(4) 傍線部②・④の主語として最も適切なものを次から選び、記号で答えよ。（10点×2）
②（　　）　④（　　）

ア 俊恵　イ 三位入道　ウ よその人
エ 世の人　オ おぼつかなく云ふ人

(5) 傍線部③・⑥の意味は何か。最も適切なものを次から選び、記号で答えよ。（10点×2）
③（　　）　⑥（　　）

③ ア 夕方になる前には　イ 夕方が過ぎると
　 ウ 夕方になると　エ 夕方に限らず

⑥ ア それとなく　イ いちずに　ウ しぜんに　エ はっきりと

(6) 傍線部⑤「いさ」に呼応する語句を文中から抜き出せ。（15点）
（　　）

(7)☆ 傍線部⑦「彼の類」は何を指しているか。次から一つ選び、記号で答えよ。（15点）
（　　）

ア 歌の詮　イ 腰の句　ウ おもて歌　エ 御詠

［西南学院大―改］

読解のポイント

(1) 『 』があるうちは終わりにならないことを見抜く。

(2) X と Y は、活用の種類が異なる。「さらに知っておこう」参照のこと。

(3) 俊恵が五条三位入道の「夕されば」の歌のどの部分を批判しているかを考える。「腰の句」からも導ける。

(4) はじめの会話文の中は、俊恵が質問し、五条三位入道が答えている。

重要単語チェック

□聞ゆ　□いさ
□腰の句　□無念なり
□景気　□おぼつかなし

さらに知っておこう

尊敬「給ふ」（四段活用）、謙譲「給ふ」（下二段活用）の判別

①謙譲語の「給ふ」が使われるポイント
・自分か、自分の身内などの動作に付けて用いる。
・「見・聞き・思ひ・知り・覚え」などの語に付く。
・会話、心中（しんちゅう）の話、手紙文の中に用いられる。

②尊敬の「給ふ」は、「与ふ・授く」の尊敬語。補助動詞として使われることが多い。

例 人目もいまはつつみ給はず泣き給ふ（いずれも補助動詞）

22

歌集 万葉集

時間 20分 合格 70点 得点 点

月 日

解答 別冊23ページ

A

山部宿禰赤人、不尽山を望くる歌一首

ⓐ天地の 分れし時ゆ 神さびて[1] 高く貴き 駿河なる 布士の高嶺を 天の原[2] 振り放け見れば 渡る日の 影も隠らひ 照る月の 光も見えず 白雲も い行きはばかり[3] 時じくそ[4] 雪は降りける ①語り継ぎ 言ひ継ぎ行かむ 不尽の高嶺は

（巻三・三一七）

反歌[5]

ⓑ田子の浦ゆ[6] うち出でて見れば ま白にそ 不尽の高嶺に 雪は降りける

（巻三・三一八）

B

神亀元年甲子冬十月五日、紀伊国に幸しし時に、山部宿禰赤人の作る歌一首

やすみしし[7] わご大君の 常宮と 仕へ奉れる 雑賀野ゆ ②そがひ[8]に見ゆる沖つ島 清き渚に 風吹けば 白波騒き ア潮干れば 玉藻[9]刈りつつ ③神代より 然そ尊き 玉津島山

（巻六・九一七）

反歌二首

沖つ島 荒磯の玉藻 イ潮干満ち ④い隠り行かば 思ほえむかも

（巻六・九一八）

若の浦[10]に ウ潮満ち来れば ⑤潟を無み 葦辺をさして 鶴鳴き渡る

（巻六・九一九）

(1) Ⅰ傍線部ⓐ「天地の 分れし時ゆ」、傍線部ⓑ「田子の浦ゆ」をそれぞれ解釈し、Ⅱ ⓐとⓑの「ゆ」について文法的に説明せよ。（5点×4）

Ⅰ ⓐ（　　　　）　ⓑ（　　　　）

Ⅱ ⓐ（　　　　）　ⓑ（　　　　）

語注

1 神さびて＝神々しく尊くて。おごそかで。
2 天の原＝広く大きな空。
3 はばかり＝行きなやむ。進めない。
4 時じくそ＝時を定めずに。
5 反歌＝長歌の終わりに詠み添える短歌。長歌の大意をまとめ、またはその意を補う。
6 田子の浦＝静岡県富士市の海岸一帯。
7 やすみしし＝「大君」にかかる枕詞。
8 そがひ＝後方。背面。
9 玉藻＝藻の美称。「玉」は接頭語。
10 若の浦＝和歌山市南方の海岸一帯。

(2) Ⅰ Aの長歌から対句表現を二組書き抜き、Ⅱそれぞれをわかりやすく現代語訳せよ。（5点×4）

Ⅰ（　　　—　　　）（　　　—　　　）

Ⅱ（　　　—　　　）（　　　—　　　）

(3)☆ 傍線部①の表現形式の特色と、その効果について説明せよ。（15点）

（　　　　　　）

(4) 傍線部②・④・⑤をそれぞれ現代語訳せよ。（5点×3）

②（　　　）　④（　　　）

⑤（　　　）

(5)☆ Bの長歌と反歌の関係について、傍線部ア〜ウの語句に留意して具体的に説明せよ。（20点）

（　　　　　　）

(6) Bの長歌の傍線部③「神代より」と類似の意味・用法の語句を、Aの長歌の中から抜き出せ。（10点）

（　　　）

〔東京都立大〕

読解のポイント

(1)「ゆ」は、**上代に用いられた格助詞**。①動作の時間的・空間的な起点、②動作・作用の経過する場所などを表す。

(3) 本来なら「不尽の高嶺は　語り継ぎ　言ひ継ぎ行かむ」となる。

(4) ④は**何がどこに**隠れるのかを補うとよい。

(5) ア→イ→ウと**時間の推移**があることを見抜く。そしてそれと同時に、「沖つ島」、「玉藻」、「鶴」が描かれていることをつかむ。

(6) (1)の「ゆ」が理解できていると迷わない。

重要単語チェック

□神さぶ　□天の原

□はばかる　□時じ

□そがひ

さらに知っておこう

万葉集

歌集。二十巻。撰者・成立時代ともに未詳であるが、大伴家持(おおとものやかもち)が整理したものに後人が手を加え、奈良時代末期に今の形になった。歌数は約四千五百首。歌風は純真素朴で「万葉調」と称される。

山部赤人

奈良時代初期の歌人。聖武(しょうむ)天皇に仕える小官吏として各地への行幸(みゆき)に従い、優美・清澄な自然を客観的な態度で詠んで、名歌を多く残した。柿本人麻呂(かきのもとのひとまろ)と並んで、歌聖といわれる。

23 紀行・俳文

笈(おい)の小文(こぶみ)

松尾芭蕉(まつおばしょう)

時間 20分　合格 70点　得点 　点

月　日

解答 ▶ 別冊24ページ

X百骸九竅(ひゃくがいきうけう)の中に物あり。かりに名付けて風羅坊[1]といふ。誠にうすもののかぜに破れやすからん事をいふ①にやあらむ。かれ狂句[2]を好むこと久し。終(つひ)に生涯のはかりごと[3]となす。ある時は倦(う)んで放擲(はうてき)せん[4]事をおもひ、ある時はすすむで人にかたむ事をほこり、是非胸中にたたかうて、是が為に身安からず。しばらく身を立てむ事をねがへども、これが為にさへられ[5]、暫く学んで愚をさとらん事をおもへども、是が為に破られ、つひに無能無芸にしてただAこの一筋に繋がる。

西行(さいぎやう)の[A]における、宗祇(そうぎ)の[B]における、雪舟(せつしう)の[C]における、利休(りきう)が[D]における、その貫道[6]するものは一(いつ)なり。しかも風雅[7]におけるもの、造化[8](ざうくわ)にしたがひてY四時(しいじ)を友とす。見るところ花にあらずといふ事なし。おもふところ月にあらずといふ事なし。像(かたち)花にあらざる時は夷狄[9](いてき)にひとし。心花にあらざる時は鳥獣に類す。夷狄を出で、鳥獣を離れて、B造化にしたがひ、造化にかへれとなり。

神無月の初め、空(そら)定めなきけしき、身は風葉[10](ふうえふ)の行末なき心地して、

C旅人と我名よばれん初しぐれ

又山茶花(さざんくわ)を宿(やど)々にして

(1) **傍線部X・Yの解釈として最も適切なものを、それぞれ次から選び、記号で答えよ。**(10点×2)

X　**ア** 身体　**イ** 植物　**ウ** 宇宙　**エ** 風神　(　　)

Y　**ア** 時間　**イ** 四季　**ウ** 天地　**エ** 輪廻　(　　)

語注

1 **風羅坊**＝芭蕉の別号。奥の細道の頃から用いている。風羅は風にひるがえるうすもの。
2 **狂句**＝俳諧のこと。
3 **はかりごと**＝仕事。生活の手段。
4 **倦んで放擲せん**＝いやになって放りだそうとする。
5 **さへられ**＝妨げられ。
6 **貫道**＝芸道などの根本精神を貫くこと。
7 **風雅**＝一般的には詩文、詩歌などの文芸の道を指すが、蕉門においては俳諧のこと。
8 **造化**＝天地万物を創造するもの。
9 **夷狄**＝野蛮人。古代中国で、東方の異民族を「夷」、北方の異民族を「狄」と呼んだことからいう。
10 **風葉**＝風に散る葉。

(2)☆ **傍線部①の文法上の説明として最も適切なものを、次から選び、記号で答えよ。**(15点)（　　）

ア 格助詞・係助詞・動詞・完了の助動詞・推量の助動詞
イ 格助詞・係助詞・動詞・推量の助動詞
ウ 断定の助動詞・係助詞・動詞・完了の助動詞・推量の助動詞
エ 断定の助動詞・係助詞・動詞・推量の助動詞

(3) **傍線部Aが指すものとして最も適切な語を文中から書き抜け。**(15点)（　　）

(4) **空欄[A]～[D]に入る語を、それぞれ次から選び、記号で答えよ。**(5点×4)　A（　　）　B（　　）　C（　　）　D（　　）

ア 絵　**イ** 花　**ウ** 舞　**エ** 茶　**オ** 能　**カ** 詩
キ 書　**ク** 連歌　**ケ** 和歌　**コ** 琵琶

(5)☆ **傍線部Bに最も近い内容のものを次から選び、記号で答えよ。**(15点)（　　）

ア 高く心を悟りて俗に帰るべし。　**イ** 乾坤(けんこん)の変は風雅の種なり。
ウ 俳諧は三尺の童にさせよ。　**エ** 松の事は松に習へ。

(6) **傍線部Cはどのように解釈できるか。最も適切なものを次から選び、記号で答えよ。**(15点)（　　）

ア 冷たい時雨の中を旅していくのだと、状況を語っている。
イ 人は私を旅の詩人と呼ぶだろうと、自分を客観視している。
ウ 行方定めぬ旅に出ようと、奮い立つ気持ちを表している。
エ 旅人と呼ばれるだろうかと、将来の可能性を想像している。

［法政大］

読解のポイント

(1) X「骸」は、「骸骨(がいこつ)」に用いられる。「竅」は、「穴」の意。Yすぐあとに、**花や月のことが述べられている**ことから考える。
(2) 33ページ「**さらに知っておこう**」②参照。
(3) 芭蕉は**何を**一筋にやってきたのか。
(5) 天地自然と一体化することを言っている。
(6) 「我名よばれん」は、芭蕉のどのような気持ちを言ったものか。

重要単語チェック

□倦む　□風雅
□造化　□神無月
□けしき

さらに知っておこう

✓松尾芭蕉

①芭蕉の五つの紀行文
野ざらし紀行・鹿島(かしま)紀行・笈の小文・更科(さらしな)紀行・奥の細道

②蕉風俳諧の根本理念――さび・しをり・ほそみ・軽み

・さび…落ち着いてやすらぎのある静寂・枯淡な句の情調。
・しをり…自然から感じた繊細な情趣が句の余情として表れること。
・ほそみ…繊細でしみじみとした趣が表現されたもの。
・軽み…軽妙な味わい。軽やかで物にこだわらない心境。

24

紀行・俳文　許六離別詞（きょりくりべつのことば）　松尾芭蕉

去年の秋かりそめに面[1]（おもて）をあはせ、ことし五月のはじめ深切[2]（しんせつ）に別れををしむ。その別れにのぞみて、ひとひ草扉（さうひ）をたたいて、終日（ひねもす）閑談をなす。その器（うつはもの）、絵を好み、風雅を愛す。予こころみに問ふ事あり。「絵は何の為好むや」、「風雅の為好む」といへり。「風雅は何の為愛すや」、「絵の為愛す」といへり。そのまなぶ事二（ふたつ）にして用をなす事一（いつ）なり。まことや、「君子は多能を恥づ」といへれば、品（しな）二にして用一なる事、感ずべきにや。絵はとりて予が師[3]とし、風雅はをしへて予が弟子となす。□師[4]が絵は精神徹に入り、①筆端妙をふるふ。その幽遠なる所予が見る所にあらず。予が風雅は夏炉冬扇のごとし。②衆にさかひて用ゐる所なし。ただ釋阿[5]（しゃくあ）・西行の③ことばのみ、かりそめにいひちらされし④あだなるたはぶれごとも、あはれなる所おほし。後鳥羽上皇のかかせ給ひしものにも、「これらは歌に実ありて、しかも悲しびをそふる」とのたまひ侍りしとかや。さればこの御ことばを力として、⑤その細き一筋をたどり失ふ事なかれ。なほ「⑥古人の跡を求めず、古人の求めたる所を求めよ」と、南山大師[6]の筆の道にも見えたり。風雅も又これに同じといひて、灯をかかげて、柴門[7]の外に送りて別るるのみ。

(1) □に入る語として最も適切なものを次から選び、記号で答えよ。（10点）

ア かねて　イ まして　ウ いかに　エ されども　（　　）

(2) 傍線部①・②の解釈として最も適切なものをそれぞれ次から選び、記号で答えよ。（10点×2）①（　　）②（　　）

①
ア 筆遣いがみずみずしい　イ 筆勢は巧妙を極める
ウ 筆の跡を巧みにまねる　エ 筆の運びに間違いがない

語注

1 **面をあはせ**＝顔を合わせ。
2 **深切に**＝心の底から。しみじみと。
3 **予が師**＝私（芭蕉）の師。
4 **精神徹に入り**＝精神が深奥の域に達しており。
5 **釋阿**＝藤原俊成（ふじわらのとしなり）の法名。
6 **南山大師**＝弘法大師空海。
7 **柴門の外に送りて**＝草庵の枝折戸（しおりど）の外まで送り。

時間 20分
合格 70点
得点　　点

月　日

解答 ➡ 別冊25ページ

②
ア 世の人の賢さに比べてもひどく劣っているとは思えない
イ 世の人がその通りだと言って支持するとは思われない
ウ 世の人が求めるところとちがって少しもためにならない
エ 世の人の好みに合わせようとして志を曲げることはない

(3) **傍線部③「ことば」と同じ意味を示す語を、文中から抜き出せ。**（15点）

（　　　）

(4) **傍線部④の内容として最も適切なものを次から選び、記号で答えよ。**（15点）

ア 浮わついたその場限りの口先だけの吟
イ とりとめもない詠み捨ての吟
ウ ものの本質を鋭く詠み込んでいる吟
エ 言い古されて面白味がない吟

（　　　）

(5)☆ **傍線部⑤「そ」は本文のどこを指すか。該当する箇所を抜き出し、最初と最後の四文字を書け。**（20点）

□□□□ ～ □□□□

(6) **傍線部⑥はどのような意味か、二十字以内で説明せよ。**（20点）

□□□□□□□□□□□□□□□□□□□□

［昭和女子大―改］

さらに知っておこう

蕉門の主な俳人と俳論

・向井去来（むかいきょらい）・服部嵐雪（はっとりらんせつ）・榎本其角（えのもときかく）・森川許六（もりかわきょりく）・各務支考（かがみしこう）・野沢凡兆（のざわぼんちょう）・内藤丈草（ないとうじょうそう）など。

・蕉風俳論は芭蕉の門人たちの著述。芭蕉は数多くの文芸理論を確立しているが、芭蕉自身による俳論はなく、すべて門人たちが書いたもの。右の文は、森川許六が江戸を離れる時芭蕉が書き与えた文。

①去来抄（きょらいしょう）…向井去来著。芭蕉と門人の俳論を集めたもの。
②三冊子（さんぞうし）…服部土芳（はっとりとほう）著。不易流行、風雅の誠などに触れる。

読解のポイント

(1) 空欄に続く内容をつかむ。「師が絵は」どうであり、「予が風雅は」どうであると言っているか。

(2) ②直前の「夏炉冬扇のごとし」との関連で考える。

(3) 藤原俊成や西行と言えば何か。

(4) 直後の「あはれなる所おほし」との関連で考える。

(5) 「失ふる事なかれ」は、何に対して言ったものかを考える。

(6) 直後の「古人の求めたる所を求めよ」との関連で考える。

重要単語チェック

□かりそめなり　□面
□器　□あだなり
□たはぶれ

25 近世の文章

日本永代蔵（にっぽんえいたいぐら）

井原西鶴（いはらさいかく）

時間 20分　合格 70点　得点　　点

月　　日

解答 ➡ 別冊26ページ

天道言はずして国土aに恵みふかし。人は実あつて偽りおほし。その心[1]は本虚にして、物bに応じて跡なし。これ、善悪の中に立つて①すぐなる今の御代をゆたかcにわたる[2]は、人の人たるがゆゑに常の人にはあらず。一生一大事身を過ぐるの業[3]、士農工商の外、出家・神職にかぎらず、②始末大明神の御託宣にまかせ、金銀を溜むべし。これ、二親の外に命の親なり。人間、長くみれば[4]朝をしらず、短くおもへば夕におどろく[5]。されば、「天地は万物の逆旅[6]、光陰[7]は百代の過客[8]、浮世は夢幻」といふ。時の間の煙[9]、③死すれば、何ぞ金銀瓦石にはおとれり。④黄泉の用には立ちがたし。しかり[10]といへども、残して子孫のためとはなりぬ。ひそかに思ふに、世dにある程の願ひ、何eによらず銀徳[11]にて叶はざる事、天が下に五つ[12]あり。それより外はなかりき。これにましたる宝船のあるべきや。見ぬ島の鬼の持ちし隠れ笠・かくれ蓑も、暴雨の役に立たねば、手遠き願ひを捨てて、近道にそれぞれの家職をはげむべし。福徳[13]はその身の堅固にあり。朝夕油断する事なかれ。殊更、世[14]の仁義を本として、神仏をまつるべし。これ、和国の風俗なり。

(1) **波線部a〜eの「に」の中から、他と品詞が異なるものを一つ選び、記号で答えよ。**（20点）

（　　）

(2) **傍線部①・②・④の意味として最も適切なものをそれぞれ次から選び、記号で答えよ。**（5点×3）

①（　　）　②（　　）　④（　　）

語注

1 **その心は……跡なし**＝人間の心を空虚とし、外物に反応して善とも悪ともなることを述べている。ここでの外物とは金銀のこと。
2 **わたる**＝ここでは「世渡りする」の意。
3 **身を過ぐるの業**＝生活するための手段。
4 **長くみれば……**＝以下この文では、人間の一生は長いと思えば長く、短いと思えば短い、ということを述べている。
5 **おどろく**＝ここでは「驚く」の意。
6 **逆旅**＝旅館。
7 **光陰**＝月日。
8 **過客**＝旅人。
9 **時の間の煙**＝一瞬の煙。はかないことのたとえ。
10 **しかり**＝そうである。
11 **銀徳**＝金銭の力。
12 **五つ**＝五蘊。人間の肉体と精神を構成する、色・受・想・行・識という五つの要素。
13 **福徳**＝幸福と財物による利益。
14 **世の仁義**＝儒教的な仁義と対比した、世間的な徳のこと。信用のことを指す。

① **ア** 早い　**イ** 忙しい　**ウ** 正しい　**エ** 厳しい

② **ア** 最高　**イ** 倹約　**ウ** 正義　**エ** 末端

④ **ア** 現実の世界　**イ** 神様の世界　**ウ** 死後の世界　**エ** 夢幻の世界

(3)☆ **傍線部③の現代語訳として最も適切なものを次から選び、記号で答えよ。**（25点）（　　）

ア 死ぬ気でやっても、金銀と瓦石の両方を得るのはむずかしい。

イ 死ぬことを思えば、瓦石も金銀同様になるから何でもできる。

ウ 死んでしまえば金銀も瓦石以下になり、何の役にも立たない。

エ 死んだ後になって、金銀も瓦石もすべて無駄だったとわかる。

(4)☆ **本文の内容として最も適切なものを次から選び、記号で答えよ。**（25点）（　　）

ア 金をためて残しておけば、死後のためにはともかく、子孫の役には立つ。

イ 宝物を得ようとするくらい高い望みを抱いて、冒険してこそ金はたまる。

ウ 金がなくても健康であれば幸福なので、神仏には金よりも長寿を願うべきだ。

エ どんな職業であれ、神様のお告げなど気にせず、金をためるよう努力すべきだ。

［学習院大―改］

(5) **井原西鶴と同時期の江戸前期の作家を次から選び、記号で答えよ。**（15点）（　　）

ア 曲亭馬琴（きょくていばきん）　**イ** 近松門左衛門（ちかまつもんざえもん）　**ウ** 上田秋成（うえだあきなり）　**エ** 十返舎一九（じっぺんしゃいっく）

読解のポイント

(1) **格助詞**か**形容動詞の活用語尾**かの識別。

(2) ②直後に「金銀を溜むべし」とある文脈から考える。**貯金と関連のある意味**である。④「**黄泉**」は「**よみ**」とも読む。

(3) 「黄泉の用には立ちがたし」と続いていることから考える。

(4) 「**とにかく金を溜めろ**」と言っている。

重要単語チェック

□おどろく　□黄泉　□殊更

さらに知っておこう

井原西鶴の作品

井原西鶴は、江戸前期の俳諧師・浮世草子（うきよぞうし）作者。

①**好色一代男**（こうしょくいちだいおとこ）…浮世草子。主人公世之介（よのすけ）の七歳から六〇歳までの好色遍歴を『源氏物語』に倣（なら）って描いている。

②**好色五人女**（ごにんおんな）…浮世草子。お夏・清十郎、樽屋（たるや）おせん、八百屋（やおや）お七など有名な実在の事件の小説化。

③**日本永代蔵**（にっぽんえいたいぐら）…浮世草子。西鶴の町人物の代表作。

④**世間胸算用**（せけんむねさんよう）…浮世草子。大晦日の町人生活の悲喜哀歓を描く。

26

近世の文章

雨月物語

上田秋成

時間 20分　合格 70点　得点 　点

月　日

解答 ➡ 別冊27ページ

吉備[1]の国賀夜郡庭妹の郷に井沢庄太夫という者あり。祖父は播磨の赤松に仕へしが、去[2]んぬる嘉吉元年の乱れ[3]に、かの舘を去りてここに来り、庄太夫にいたるまで三代を経て、春耕し秋収めて家豊かにくらしけり。一子正太郎なる者、農業をいとふあまりに、酒に乱れ色にふけりて、父が掟を守らず。父母これを歎きてひそかにはかるは、「①あはれ良き人の娘の顔よきをめとりてあはせなば、かれが身もおのづからをさまり②なん」とて、（神主の娘の磯良との縁組を進め）やがてしるし[4]を厚くととのへて送り納れ、よき日をとりてことぶき[5]をもよほしけり。

磯良、かしこ[6]に往きてより、夙[7]に起きおそく臥して、常に舅姑のかた[8]へを去らず、夫が性[9]をはかりて心を尽くして仕へければ、井沢夫婦は③孝節[10]をめでたしとて歓びに耐へねば、正太郎もその志にめでて[11]むつまじく語らひけり[12]。されど、おのがままの④たはけたる性はいかにせん、いつの頃より鞆の津[13]の袖といふ妓女に深くなじみて、つひに購ひ出だし[14]、近き里に別荘をしつらひ[15]、かしこ[16]に日を重ねて家に帰らず。磯良これを怨みて、あるひは舅姑の怒りに寄せて諫め、あるひはあだなる心を怨みかこてども、⑤大虚にのみ聞きなして、後は月をわたりて帰り来らず。父は⑥磯良が切なるふるまひを見るに忍びず、正太郎を責めて押し籠めける[17]。

※本文中の（　　）は、補足部分である。

語注

1 **吉備の国賀夜郡庭妹**＝現在の岡山県岡山市庭瀬。
2 **去んぬる**＝去る。
3 **嘉吉元年の乱れ**＝室町時代、播磨の守護赤松満祐が室町六代将軍足利義教を暗殺し、最後は幕府方に討たれた騒乱。
4 **しるし**＝結納。
5 **ことぶき**＝結婚式。
6 **かしこ**＝あちら。嫁入り先の家を指す。
7 **夙に**＝早朝に。
8 **かたへ**＝そば。
9 **性**＝性格。
10 **孝節**＝孝行と貞節。
11 **めでて**＝心ひかれて。
12 **語らひけり**＝深い仲になった。契りを結んだ。
13 **鞆の津**＝現在の広島県福山市鞆町の港。
14 **購ひ出だし**＝身請けし。
15 **しつらひ**＝つくり。
16 **かしこ**＝そこ。「別荘」を指す。
17 **押し籠めける**＝閉じ込めてしまった。

(1)☆ **傍線部①・③を、それぞれ「ば」に注意して現代語訳せよ。**(10点×2)

①(　　　　　　　　　　　　　　　　)

③(　　　　　　　　　　　　　　　　)

(2)☆ **傍線部②・④を文法的に説明せよ。**(10点×2)

②(　　　　　　　　)　④(　　　　　　　　)

(3)☆ **傍線部⑤を主語を明らかにして現代語訳せよ。**(15点)

(　　　　　　　　　　　　　　　　)

(4) **傍線部⑥は、具体的にはどのようなものか。簡潔に説明せよ。**(25点)

(　　　　　　　　　　　　　　　　)

(5) **磯良の嫁・妻としての献身ぶりがうかがえる部分を五十字以内で探し、初めと終わりの五字を書き抜け(句読点は含めない)。**(20点)

□□□□□ 〜 □□□□□

[滋賀大―改]

読解のポイント

(1) 「さらに知っておこう」参照。

(2) ②続く「ん」を伴って、「なん」の形になることから考える。**「む」**は**推量の助動詞**である。④続く「たる」は、**完了の助動詞「たり」**の**連体形**。

(3) **誰が誰**に話をしているのかを読み取る。

(4) **直前の一文**に注目する。「切なる」とは、「胸にしみる。痛切な」という意味。

(5) **嫁入りをしてきた当初**の磯良の行動に注目する。

重要単語チェック

□いとふ　□夙に
□かたへ　□めでたし
□めづ　□むつまじ
□しつらふ　□あだなり
□かこつ

さらに知っておこう

接続助詞「ば」の訳し方

①「未然形＋ば」は、「〜ならば・〜としたら」と訳す。

例 月の都の人まうで来ば、
(月の都の人がやって来たならば)

②「已然形＋ば」は、「〜ので・〜ところ」の訳が基本。

・順接の確定条件(〜ので・〜から)

例 矢ごろ少し遠かりければ、(…少し遠かったので)

・偶然条件(〜と・〜ところ)

例 この子を見れば苦しきこともやみぬ。
(この子を見ると…)

装丁デザイン　ブックデザイン研究所
本文デザイン　A.S.T DESIGN

大学入試 ステップアップ 古文【標準】

編著者　大学入試問題研究会
発行者　岡本泰治
印刷所　寿印刷

発行所　受験研究社

〒550-0013 大阪市西区新町2丁目19番15号
注文・不良品などについて：(06)6532-1581(代表)／本の内容について：(06)6532-1586(編集)

Printed in Japan　高廣製本
落丁・乱丁本はお取り替えします。

⬅ ひっぱると、はずして使えます。

大学入試 ステップアップ
STEP UP

古文

Standard 標準

解答・解説

解答・解説

大学入試 ステップアップ 古文【標準】

01 徒然草 ① ……………… 4・5ページ

(1) ⓐ**ケ** ⓑ**オ** ⓒ**イ**
(2) わざとならぬ
(3) **ウ**
(4) 例トビを寄せ付けまいとする後徳大寺の大臣の行為に心の狭さを感じたから。
(5) **ウ**
(6) ゐさせ

ポイント

◆述べられている事柄や出来事に対する**筆者の考え**を読み取る。
◆行為に対する筆者の評価を、別の行為の事例から推定する。

解説

(1) ⓐ「つきづきし」は調和の美を表す。家が住む人にふさわしいというのである。ⓒ「えならず」は「えも言はず」と同義。言葉にできないほど、非常に優れているということ。

(2) 「わざとならぬ」は、自然のままのように、そのように見えるほどさりげない、ということ。

(3) 「さてもやは」は、副詞「さて」＋係助詞「も」＋反語の意を表す係助詞「やは」で、「そうであっても～か」の意。

(4) 西行の会話文に着目。「この殿のお心は、その程度のものでいらっしゃった」という嫌悪である。

(5) 直前で、蛙を取られないようにという配慮から縄を張ったのならすばらしい行いだと言っている。そこから、徳大寺にも理由があったのかもしれず、西行の判断は性急ではなかったのかと批判している。

(6) 「ゐさせ」の「させ」は、使役の助動詞「さす」の未然形。

現代語訳

住居が(住む人に)ふさわしく理想的であるのは、(現世の)一時的な住まいとは思うが、趣深いものである。高貴な人がゆったりと住んでいる所は、射し込んでいる月の(光の)色もひときわ身にしみて感じられることよ。当世風のきらびやかさではないが、(庭の)木立が古びて、さりげない庭の草も趣がある様子で、簀子、透垣の配置が趣深く、何気なく置いてある家具も、古風に感じられて落ち着いているのは(住んでいる人が)奥ゆかしいと思われる。多くの大工が心を尽くしてしきりに磨き、中国だの、日本だの、珍しくて何とも言いようがないほどすばらしい家具などを並べ置いて、(庭の)植え込みの草木まで、(草木の)自然のままでなく作り上げているのは、見た目も不快で、ひどく興ざめである。(住まいが)そうであっても長く続けて住むことができるだろうか(いや、できない)。さらに、(火事にでもなれば)たちまち焼失してしまうだろうと、一目見ただけで思われる。後徳大寺の大臣が寝殿に、トビを止まらせまいといって、縄をお張りになっていたのを西行が見て、「トビが止まるようなことがどうして差し障りがあるだろうか(いや、ない)。この殿のお心は、その程度のものでいらっしゃったのだ」と言って、その後参上しなかったと聞きますが、綾小路の宮がいらっしゃる小坂殿の棟にいつだったか縄をお引きになっていたので、あの(後徳大寺の大臣の)前例を自然と思い出しましたが、そういえば、「鳥が群れて止まって、池の蛙を取ったので、(宮が)ご覧になりお悲しみになって(そうなさったのです)」と人が語ったことは、それならばすずばらしく(なさった)と思われたことだ。徳大寺の大臣にもどういう理由がございましたか。

02 徒然草 ② ……… 6・7ページ

(1) ける
(2) ⓐ自ら ⓑいただいて ⓒ気づかせようとするため
(3) 例障子の破れた所だけを一区切りずつ切り張りすること。
(4) 候はん(3字)
(5) 物は破れた
(6) 相模守時頼
(7) その男〜侍らじ

ポイント

◆会話文から**場面の様子**と人物の考え方をつかむ。
◆エピソードについての**筆者の感想**を読み取る。

解説

(1) 係助詞「ぞ」があるので、結びの「けり」は連体形「ける」となる。
(2) ⓑ「給はる」は「いただく」の意味。この場面では、「お預かりして」というニュアンス。ⓒ「心つく」は「注意させる」の意味。意志の助動詞「ん(む)」が付いているので「注意させよう」と訳す。
(3) 全部を張り替えてしまったほうが容易だろうということ。禅尼は、破れた所だけを一区切りずつ切り張りしていた。
(4) 「みっともなくないか」と尋ねている。「や」は疑問を表す助詞。それまでの文で義景(よしかげ)が「候(ふ)」を使っていることから「候ふ」を、また、「まだらになっても(なったとしたら)」と、現実には起こっていないことを仮定している文脈なので、推量の助動詞「む(ん)」を補う。
(7) 義景の会話を受けて、禅尼の会話が始まる。終わりは「とて」と会話文を受けている。

現代語訳

相模守時頼の母は、松下禅尼と申しました。(あるとき)相守を(屋敷に)招き入れ申し上げなさることがあったが、すすけた障子の破れ(たところ)だけを、禅尼自ら、小刀を使ってあちこち切りながらお張りになったので、兄の城介義景が、その日の接待の準備に控えていたが、「(その仕事を)いただいて、何とかいう男に張らせましょう。そのようなことに通じている者でございます」と申し上げなさったところ、(禅尼は)「その男は、(この)尼の細工よりまさか上手でありますまい」と言って、なおも(障子の)一区切りずつお張りになったので、義景は、「もし(障子の)全部を張り替えたとしましたら、はるかに簡単でございましょう、(ところどころを張り替えて)まだらになってもみっともなくございませんか」と重ねて申し上げなさったところ、「尼(私)も後は(後で)さっぱりと(全部)張り替えようと思うけれども、今日だけは、わざとこうしているのがよいのである。物は破れた所だけを修理して用いるものなのだと、若い人(守)に見習わせて、気づかせようとするためである」と(禅尼は)申し上げなさったということだ。たいへん立派だったことだ。

世を治める道は、倹約を根本とする。(禅尼は)女性であるけれども(心がけは)聖人の心に通じている。天下を治めるほどの人を子としてお持ちになったのは、本当に、ふつうの人ではなかったということだ。

03 枕草子 ①　………… 8・9ページ

(1) アうぶや　イかたたが　ウものい
(2) ⓐき　ⓑく　ⓒこ　ⓓこ
(3) 例方違えの客に当然するもてなしを、その家のあるじがしないこと。(30字)
(4) 例贈り物がついていないのは物足りない。(18字)
(5) 特別に・副詞
(6) 例来るはずの人が来たらしいということ。(18字)
(7) 乳母

ポイント

◆現代の生活に見られない**事物や習慣**を理解する。
◆取り上げられている**題材**を整理し、**筆者の考え方**を明らかにする。

解説

(1) 「方違へ」「物忌み」は、陰陽道による生活習慣。
(2) 下にくる助動詞の接続によって判断する。ⓐ強意の「ぬ」で、連用形接続。ⓑ当然「べし」で終止形接続。ⓒ打消の「ず」で未然形接続。ⓓは、意味から判断して命令である。読みは「こ」となる。
(3) 「あるじす」は、主人役として人をもてなすこと。「方違へ」の客にはごちそうするのがしきたりになっていた。
(4) 「さ」は副詞で、そのようにの意。前の文章や語句を受けたり、人の言葉を指していったりする場合が多い。ここは、「物なき」が「すさまじきもの」であることを指している。
(6) 「来る音すれば」の「来る」の主語は、「必ず来べき人」である。
(7) 「ただあからさまにとていでぬる」人(乳母)に、「早く帰って来い」と催促しているのである。

現代語訳

興ざめなものは、昼間ほえる犬。春になっても残っている網代。三・四月に着ている紅梅の着物。牛が死んでしまったあとの牛飼い。赤ん坊の亡くなってしまったあとの産屋。火をおこさない炭櫃や地火炉。博士が(あとを継がせることのできない)女の子を次々と続いて生ませていること。(避けるべき)方違えに行っているのに、もてなしをしない家。まして節分の方違えであるときなどはまことに興ざめだ。

地方からよこした手紙で、贈り物がついていないもの。京からのもの〈＝手紙〉でさえも贈り物がなければ興ざめに思うであろう。でもそれ〈＝京からの手紙〉は(地方の人が)知りたく思っていることどもを書き集めてあって、世間の出来事などを聞くのだから(贈り物がなくても)たいへんよい。人のもとに特別にきちんと書いて送った手紙の返事を、もう持ってきているだろうに、何だかへんに遅いと待つうちに、さっきの手紙を、立て文でも結び文でもたいそうきたならしく扱ってけばだたせて、結び目の上に引いてあった(封印用の)墨なども消えて、「おいでになりませんでした」とか、または「物忌みだということで受け取りません」などと言って(使いの者が)持って帰ってきたのは、ひどくがっかりさせられて興ざめだ。

また、必ず来るはずの人のもとに迎えの車をやって待つのに、車の来る音がするので、来たようだと人々が出て見ると、車を車庫の方へそのまま引き入れて、ながえをぽんとうちおろすのを、「どうしたのだ」ときくと、「今日はほかのところへおいでになるとおっしゃって、こちらにはおいでになりません」などと言って、牛だけ引き出して行ってしまう(のも興ざめである)。

また、婿として来ている男君が、通ってこなくなってしまったのは、まことに興ざめである。しかるべき身分の人で宮仕えしている女のところに婿をとられて、恥ずかしいと思っているのも、どうにも気にくわない。乳呑児の乳母が、ほんのちょっとの間だけと言って出かけていった間、あれこれと赤ん坊の機嫌をとって、「早く帰って来い」と言ってやったのに対して、「今夜は帰れそうもありません」といって返事をよこしたのは、興ざめであるばかりでなく、とても憎らしくてどうしようもない。女性を呼び迎える男が、(こういう目にあったら、)ましてどんな気持ちがするだろう。

---

04 枕草子 ②
10・11ページ

(1) ⓐ**ア** ⓑ**ウ** ⓒ**ア** ⓓ**イ**
(2) ①例 かえって昼よりもあらわに見えて恥ずかしいけれど
③例 退出したくなったであろう
(3) 例 恥じて夜だけ出仕し、暁には退出したがることをからかうため。(29字)
(4) 例 夜は早くおいでなさい
(5) をかし

ポイント

◆**現代の生活には見られない事物や習慣**を理解する。
◆場面や状況をとらえ、**筆者の気持ち**を明らかにする。特に**筆者が気を遣いこだわっていること**が何であるかをつかむ。

解説

(2) ①の「なかなか」は、かえっての意の副詞。「顕証」は、あらわなこと。「まばゆけれ」は形容詞「まばゆし」の已然形で、ここでは恥ずかしいの意。③の「まほし」は希望の助動詞。
(3) 中宮が清少納言をからかっているのである。清少納言と「葛城の神」との共通点が、夜だけ働くことにある。
(4) 「夜さり」は、夜に同じ。清少納言が夜に出仕することを念頭に置けば、「夜は早く」と言っているのだから、下に「おいでなさい」などが省略されていることがわかる。
(5) 文中に用いられていないが、第一段の「春はあけぼの」を想起するとよい。「枕草子」は〝をかしの文学〟と称される。

現代語訳

(中宮様の)御所にはじめて出仕したころは、何かと恥ずかしいことがたくさんあって、涙もこぼれそうなので、夜ごとに出仕して、三尺の御几帳の後ろにお仕えしていると、(中宮様が)絵などを取り出してお見せくださるが、手さえ差し出すことができないほどで、どうしようもない(ことでした)。(中宮様は)「これは、こうなのよ、ああなのよ。その人の絵が……、あの人の絵が……」などおっしゃる。高坏にともし申し上げた御灯火(ともしび)であるので、(明るくて私の)髪の毛の筋なども、かえって昼よりもあらわに見えて恥ずかしいけれど、がまんして(絵を)見などしている。たいそう冷えるころなので、(中宮様の)差し出しておいでになる御手が、わずかに見えるのが、たいそう美しい色つやをした薄紅梅色であるのは、この上もなく美しいと、(宮中のことを)見知らない里人の気持ちには、このような(すばらしい)方がこの世においでになったのだなあと、はっと驚くほどまでに見つめ申し上げることです。

明け方には早く退出したいと気がせくことです。(中宮様は)「(夜にしか働かないという)葛城の神も(もう)しばらく(ここにおりなさい)」などと仰せになるので、どうしてはすかいに私の顔をご覧に入れられようか、と思って、なお伏していたので、御格子も上げ申し上げずにいる。女官たちが参上して、「さあ、(御格子を)お上げなさいませ」などと言うのを聞いて、(他の)女官が上げようとするが、(中宮様が)「だめよ」とおっしゃるので、(女官は)笑って立ち去ってしまう。

(中宮様が)何かとお尋ねなさり、お話しなさるうちに、時間がかなりたったので、「退出したくなったであろう。それならば、早く(さがりなさい)。夜は早くおいでなさい」とおっしゃる。

(私が)ひざまずいたまま退出するのを待ちかねて(局の格子を)さっと上げると、雪が(美しく)降っていたのだった。登花殿の御前の庭は、立蔀が近くて狭い。雪はたいそう風情を感じさせる。

05 更級日記 ……12・13ページ

(1) イ
(2) 例 早く梅が咲いてほしい
(3) ざり
(4) エ

ポイント

◆**古文の中で詠まれている和歌**は、内容の展開の上で重要な役割を果たす。本文全体の流れの中で歌の意味をとらえる。

◆人物の関係と**作者の心情**に注目して、描かれている場面をつかむ。

解説

(1) 傍線部は継母の会話。作者との別れに際して、「忘れない」と言っているのである。本文は「〜などいひて〜といひおきて」と続いているが、「て」でつながれた文は主語が同じである。

(2) 「咲か」は力行四段活用の動詞「咲く」の未然形なので、「なむ」は願望を表す終助詞。作者が継母を待ちわび、継母が来ると言っていた梅が咲くころを待ち望んでいるのである。「いつしか」は願望を表す語を伴って「早く〜」という意味になる。

(3) 打消の助動詞「ず」の連用形は「ざり」。

(4) 「なほ頼め」とあるので、「でも、やはり当てにして待っていてください」の意味。「頼め」は命令形。

現代語訳

（私の）継母だった人は、宮仕えをしたの（人）が（東国に）下った人なので、思っていたのと違うことがあって、夫婦仲が（うまくいかず）残念そうな様子であって、（別れて）よそに移ると言って、五歳ぐらいである子どもなどと共に、（私に）「優しかった（あなたの）心の様子は忘れるような時はあるはずがない」などと言って、梅の木の軒先に近くてとても大きいのを（指して）、「これ（この木）の花が咲くような季節には来ますよ」と言い残して（よそへ）移ったので、（私は）心の中で恋しくいとしいと思いながら、人知れず泣くことばかりして、その年も改まった。早く梅が咲いてほしい、（梅の花が咲く季節に）来ますと言ったが、（本当に）そうであるかと、（梅の木を）見守って待ち続けるが、花も全部咲いたけれど、（継母からは）便りもない。思い悩み、（梅の）花をちぎって（歌を添えて）送る。

（梅の咲く頃においでになると）約束で期待をさせたのを、私はなおも待ち続けていなければならないのでしょうか。霜に枯れた梅ですら春は忘れずにやって来て花を咲かせたというのに。

と言い送ったところ、（継母は返事に）しみじみと心のこもったことなどを書いて、

（今までと）同じように当てにし（て待ち）なさい。梅の高く伸びた枝には、（＊昔の歌にあるようにあなたが）約束していない思いがけない人も訪ねるといいます。

＊昔の歌＝わがやどの梅の立ち枝や見えつらん思ひのほかに君がきませる〈＝私の家の伸びた梅の枝が見えたからでしょうか、思ってもいなかったあなたがいらっしゃったのは。〉

06 紫式部日記 ……… 14・15ページ

(1) ①**ア** ②**ウ** ③**ア**
(2) **ア**
(3) (i)**ウ** (ii)**イ**
(4) **エ**
(5) 例 大勢の僧たちによる読経の声の圧倒される感じ。

ポイント ◆**敬語**の用い方に注意して、動作主が誰であるか判断しよう。

解説

(1) ①「すがら」は接尾語で、その間じゅうずっとの意。③「あやし」は、異様なものに対して不審に思う感じが基本義で、異常だ、不思議だ、粗末だなどさまざまな意味がある。

(2) ⓐ「聞こしめし」は、サ行四段動詞「聞こしめす」の連用形で、高い敬意を表し、多く天皇や皇后の動作に用いられる。ⓑ「おはします」も、単に「おはす」より高い敬意を表し、いずれも御前〈＝中宮〉の動作を表す言葉としてふさわしい。

(3) **ア**「て」は接続助詞。**イ**「を」は格助詞としても用いられるが、ここは、逆接の意で下に接続する接続助詞。**ウ**「の」は格助詞。**エ**「ど」は接続助詞。

(4) 身重の体でほんとうはつらいだろうに、そんなそぶりを見せない中宮の様子を言ったもの。このとき、彰子は妊娠九か月である。

(5) 「おどろおどろし」は、物事の仰々しい様を言うときに用いる形容詞。この場合は、大規模な祈祷で大勢の僧たちの声が合わさって聞こえてくる様を言っている。

現代語訳

秋の気配が深まるにつれて、土御門邸のたたずまいは、言いようもなく趣深い。池のまわりの木々の梢や、遣水のほとりの草むらなど、それぞれが一面に色づいて、空一帯の様子も優美な美しさを見せていくのに、いっそう引き立てられて、(僧たちの)絶え間ない御読経の声々も、ひとしおしみじみと感じられることであった。しだいに涼味を感じる夜風のそよめきに、いつもの絶えることのない遣水の音が、夜通し(読経の声と)混ざり合って聞こえてくる。

中宮様も、おそばにお仕えする女房たちが、とりとめのない話をするのをお聞きになりながら、(妊娠中で)さぞ苦しくていらっしゃるはずなのに、何げなく装って隠していらっしゃるご様子などが、本当に今さら言うまでもないことであるけれど、もの憂いこの世の心の慰めとしては、このような宮様こそお探ししてでもお仕えすべきであったのだと(普段の)ふさいだ気分とはうって変わって、たとえようもないほどに、さまざまな(いやなことが)忘れられてしまうのも、一方では不思議な感じがする。

まだ夜明けまでには間のあるころの月が雲にかくれて、木の下陰もほの暗い時分なので、「御格子をお閉めしたいわね」、「下級の女官はこんな夜更けまでお仕えしていないでしょう」、「(それじゃ)女蔵人が閉めなさい」などと、(女房たちが)互いに言い合っているうちに、後夜の鉦が鳴り響いて、五壇の御修法の勤行をはじめた。われもわれもと(競っているかのように)読む大勢の僧たちの御読経の声々が、遠くにあるいは近くに響きわたって聞こえてくるのは、ほんとうに圧倒されるようで尊く感じられる。

07 讃岐典侍日記

16・17ページ

(1) ①**イ** ③**ア** ④**ウ** ⑥**イ**
(2) ②例 堀河天皇が、朝夕見慣れて覚えよう ⑦例 私(作者)は、(鳥羽天皇に)お悟られ申し上げまい ⑨例 私(作者)は、鳥羽天皇がかわいらしくもありがたくも存じ上げながら
(3) 例 堀河天皇にお仕えし、かわいがられた昔のことが、夢のように思われることだ。
(4) ⓑ(と)ⓔ (意味)自発
(5) 例 涙を流したのはあくびのせいではなく、笛の譜が貼られていた跡を見て、堀河天皇を思い出したからだということ。

ポイント

◆**古文の中で詠まれている和歌**は、内容の展開の上で重要な役割を果たす。全体の流れの中で歌の意味をとらえる。
◆**登場人物**を正確に把握した上で、描かれている場面をつかむ。

解説

(1) ①直後の会話主と同じである。③この部分は、堀河天皇との思い出がつづられている。④敬語が用いられていない。⑥「ご覧ず」は、「見る」の尊敬語。「見給ふ」より敬意が高い。
(2) ②「あけくれ」は、夜明けと夕暮れ。転じて毎日の意。⑦「心得(こころう)」は、事情などをのみこむこと。
(4) ⓐは形容動詞「あはれなり」の連体形の一部。ⓒは尊敬、ⓓは完了の助動詞「り」の連体形。
(5) 「ほ文字」「り文字」は、「ほり」で堀河天皇のこと。

現代語訳

（堀河天皇が）身に余るまで大切にしてくださったことが、自然と思い出されるのであったが、（鳥羽天皇が）お前においでになって、「私を抱いて、障子の絵を見せておくれ」とおっしゃるので、思い出もすっかり覚めたような気がするけれども、朝餉の間の障子の絵を、ご覧に入れながらあちらこちら歩いているうちに、（堀河天皇が夜休まれた）夜の御殿の壁に、朝夕見慣れて覚えようとお思いになった曲を書いて貼りつけておおきになった笛の譜の貼り跡が、壁に残っているのを見つけたのは、感無量の思いであった。

　亡き天皇が覚えようとなさって壁にお貼りになっていた貼り跡を見ると、過ぎ去ってしまった昔（天皇との楽しい思い出）のことが、夢のように思われることだ。

　悲しさに涙があふれて、袖に顔を押し当てたのを、（鳥羽天皇が）不思議そうにご覧になるので、お悟られ申し上げまいとして、さりげなく振る舞いながら、「ついあくびが出まして、このように目に涙が浮かびました」と申し上げたところ、「みんなわかっているよ」と仰せになるので、かわいらしくもありがたくも存じ上げながら、「どのようにわかっておいでになるのですか」と申すと、（鳥羽天皇は）「ほ文字、リ文字のことを、思い出しているのでしょう」とおっしゃるのは堀河天皇の御こととよくわかっておいでになる、と思うにつけても、かわいらしくて、（堀河天皇を追慕していた）悲しみも晴れるような気がして、（私は思わず）ほほえんだ。

08 宇治拾遺物語 …… 18・19ページ

(1) ①イ　④ウ
(2) ②イ　⑤ア
(3) 例 思わずしゃがみ込んでしまった
(4) イ

ポイント

◆会話文や**敬語表現**から、人物相互の関係を読み取る。
◆**登場人物の言動**に着目し、状況や心情を明らかにする。

解説

(1) ④は、笛を吹いている男が、袴垂を逃がさないという意である。
(2) 「希有」は、めったにない、珍しいの意。
(3) 「ついゐる」は、「つきゐる」のイ音便で、ここは「軽く腰を下ろす」の意。
(4) 末尾の「あさましく、むくつけく、恐ろしかりしか」という袴垂の感想は、保昌の豪胆さと寛大さとにむけられている。

現代語訳

昔、袴垂といってたいへんな盗賊の親玉がいた。十月ごろに、着物が入り用になったため、着物を少し手に入れようと思い、適当な所をあちこち調べ歩いていたところ、夜も更けたころあい、人がみな寝静まったあと、月のおぼろな路上に、着物をたくさん着込んだ人が、指貫のはかまの横ひだを腰にはさんで、絹の狩衣のようなものを着て、たった一人、笛を吹いて、行くでもなく戻るでもなくゆっくりと歩いていくので、「ああ、これこそ、私に着物を手に入れさせようと思って現れ出た者であろう」と判断し、走りかかって着物をはぎ取ろうとしたが、妙なことに何となく恐ろしく感じられたので、そのままついていって二三町ほど行くが、(その人は)他人が自分をつけている、と気づいた気配も見せない。ますます笛を吹いて行くので、ためしてやれと思い、足音高く走り寄ったが、笛を吹きながら振り返った様子では、着物をはぎ取ることなどできそうにないと思われたので、走りのいた。

こうして何回となく、あれやこれやしてみるが、少しも慌てる様子がない。妙な人だなあと思い、十余町ほどついていく。そうかといってこのまま襲わずにいられようか、そうはいかない、と決意し、刀を抜いて走りかかったとき、今度は笛を吹きやめて、振り返り、「お前は何者だ」と問うので、ふぬけたようになって、思わずしゃがみ込んでしまった。重ねて「どういう者か」と問うので、こうなった今は逃げようとしても絶対に逃がすまいと(相手が思っているように)思われたので、「追いはぎです」と言うと、「何者か」と問う。そこで「通称は、袴垂といわれております」と答えると、「そういう者がいるとは聞いている。物騒でとんでもない奴だな」と言って、「一緒についてこい」とだけ言葉をかけて、また前と同じように笛を吹いて行く。

この人の様子は、今は逃げようとしても、絶対に逃がすまいと(いう感じに)思われたので、まるで鬼に肝っ玉をとられたようで、一緒に行くうちに、その人の家に行き着いた。どこかと思うと、摂津の前司保昌という人のところであった。家の中に(追いはぎを)呼び入れ、綿の厚い着物を一つお与えになって、「着物が必要なときは参りて申せ。気心の知れない人に襲いかかって、お前、けがをするな」と言われたが、ひどく気味悪く、恐ろしかった。

09 古今著聞集 ……… 20・21ページ

(1) ①ウ　④エ
(2) イ
(3) 例 こうしたすぐれた歌の道の知識も、すぐに思い浮かべて口に出して言う人はなかなかいない(もの)
(4) 例 永継の答えに感心してうなった。(15字)
(5) 例 頭中将の問いに対して、すぐさま古歌を踏まえて答えた永継の機知と、それを正しく評価した実忠の教養。(48字)

ポイント

◆**登場人物の言動**に着目し、状況や心情を明らかにする。
◆**人物の描き方**をとらえ、人物に対する編者の見方を読み取る。

解説

(1) ①の「さらぬ」は、「然(さ)らぬ」で、「それ以外の」の意。「避(さ)らぬ」のとまちがえないこと。
(2) 古今集の歌の中の「にしこそ秋のはじめなりけれ」をおさえる。
(3) 「これほどの事」とは、蔵人永継がすぐに古今集の歌を思い出し、それを踏まえて答えたことを指している。
(4) 「うちうめく」は、蔵人永継の答えに感心してうなったのである。
(5) 編者が心ひかれたのは、蔵人永継が頭中将の問いにすぐに答えたことと、実忠が永継の答えに的確な評価を加えたことである。

現代語訳

後堀河院がその位にいらっしゃったときのこと、嘉禄二年九月十一日、伊勢神宮に幣を奉る行事の際に、頭の中将宣経以下蔵人たちが参内し、帝のお出ましを待つ間、人々は鬼の間に集まって、雑談をしていたところ、台盤所〈＝女房の詰所〉には内侍たちのほか、それ以外の女房たちも居あわせていた。渡り廊下には蔵人の頭に付き従った蔵人たちがそろって、内外（の教）を問わずいろいろと雑談をしていたところ、少将の内侍が台盤所の坪庭のかえでの木を見つけて、「このかえでに、紅葉の始まった部分があったのですが、見えなくなってしまいました」と言ったのを、頭の中将が聞きつけて「それはどの方角の枝にあったのでしょうか」と言って、梢を見あげたので、周りの人々も皆眼を凝らして見たところ、蔵人の永継がすぐに「西の枝でございましょう」と言ったのを、右中将実忠が、御剣の役のため参内して、同じくその場に居あわせたのでしたが、この（永継の）答えに感じ入って「最近は、こうしたすぐれた歌の道の知識も、すぐに思い浮かべて口に出して言う人はなかなかいないのに、（永継は）立派でございますね」と言って、感心してうなったので、周りの人々も興に乗って皆感心してほめたたえた。実に、すぐに答えた永継も、またその答えを聞いて気がついた実忠も、非常に立派なものでございます。古今集に、

　同じ木の枝であるのに、特に（西の方に出た枝の）木の葉が色づくのは、西の方角こそ秋のはじまりなのであったことよ。

とあるのを、思いついて答えたのでしょう。

10 今昔物語集 …… 22・23ページ

(1) ⓐ**オ** ⓑ**エ** ⓒ**ウ**

(2) 例 きちんと連れて、仏が現れたという柿の木へと行きなさった。

(3) **オ**

(4) ②**オ** ③**イ**

(5) 例 人々が本当の仏なら木に現れるはずがないということを理解しないで、この数日間（屎鳶を仏だと）拝んで大騒ぎするのが愚かなことである。

ポイント

◆場面の状況をとらえ、**人物の行動・意見**を正確に読み取る。

◆**「に」の識別**は、最重点チェック事項である。必ず理解しておきたい。

解説

(1) ⓐ「にはかに」は、形容動詞「にはかなり」の連用形。ⓑ「車に乗りて」と、「に」の前は体言。ⓒ「見るに、」と、下に読点がある。

(2) 光の大臣は、仏が現れた柿の木へと真実を確かめに向かったのである。

(3) **ア～オ**のうち、「いる」という意味の尊敬語は**オ**「まします（いらっしゃる。おありになる）」だけ。

(4) ③の「あながち」には「いちずである」の意味がある。場面の状況をふまえると「ひたすらに見つめた」という内容になるのが適切。

(5) 大臣の発言には、「実の仏は何の故に、…現れ給ふべきぞ。」とある。つまり、仏なら現れるはずがないだろうということは、考えればわかるだろう、と言っているのである。

現代語訳

そのときに、光の大臣という人がいた。深草の天皇の子であった。才能はすばらしく、物事の理解は賢明だった人であって、この仏が現れなさったことを、ひどく納得できずに思いなさった。「本物の仏がこのように突然に木の梢に現れなさらなければならない理由がない。これは天狗などの仕業であるようだ。外道の術は七日には過ぎない（七日は続かない）。今日、私が行って見よう」と思いなさって、出かけなさった。昼間の正装をきちんとして、檳榔毛の牛車に乗って、先導役などをきちんと連れて、その場所〈＝仏が現れたという柿の木〉へと行きなさった。たくさんの集まっている人全員を追い払いなさって、（牛車の牛をはずし、）車の轅を下に置いて、轅を載せる台を立て、車の簾を巻き上げて見なさると、本当に木の梢に仏がいらっしゃる。金色の光を放って、空からさまざまな花を振りまくことは雨のようである。見ると、実に尊いことこの上ない。

しかしながら、大臣はたいへん疑わしく思われなさったので、仏に向かって、目を瞬きしないで、しばらくほどじっと見つめなさったところ、この仏は少しの間こそ光を放ち花を振りまきなどしていたが、ひたすらにじっと見つめておられると、（仏に見えていたものは）こらえきれなくなって、すぐさまに大きな屎鳶で翼が折れているのになって、木の上から土に落ちてばたばたと音を立てるので、多くの人はこれを見て、「奇妙だ」と思った。子どもたちが集まって、その屎鳶を殺してしまった。大臣は、「思ったとおりだ。本当の仏がどうして、突然に木の梢に現れなさったりするだろうか。人々がこんなこともわからずに、毎日拝んで大騒ぎしていたのこそ愚かなことである」と言ってお帰りになった。

11 堤中納言物語 24・25ページ

(1) 住み給ひ（住み給へるが）
(2) 例 美しい蝶に変わることを感じさせない点。（19字）
(3) 例 男の子で、物おじせず、取るに足りない身分の子を
(4) 例 お歯黒をつけていないまっ白な歯を見せて笑う様子。（24字）
(5) 例 親の言うことに逆らうこと。
(6) 例 常識にとらわれず、誠実な心とありのままの自分を大切にし、物事の真相を明らかにしなければならない。（48字）

ポイント

◆主人公の置かれている**状況**をとらえ、その様子や心情を明らかにする。
◆話の中心をとらえ、それに対する**主人公の見方**を明らかにする。

解説

(1) 「蝶めづる姫君」と対応しているので、「住み給ふ」に着目する。
(2) 「心ふかきさま」は思慮深そうな様子の意。文中に「かはむし」の具体的な描写はないが、美しい蝶に変化することを感じさせないその様子を「心ふかきさま」と表現したととらえる。
(3) 同格の「の」で、うしろにくる体言が省略されている。
(5) 変なことを言う子だと親が忠告しても、何でも自分なりの理屈で反対するので、親はこんなこと（「深くさからひ給へ」）も気づまりに感じるというのである。

現代語訳

蝶の好きな姫君の住んでおられる隣に、按察使の大納言の姫君がいらっしゃって、奥ゆかしく並々ならぬほど、両親がこのうえもなく大切に育てておられる。この姫君のおっしゃるには、「世間の人々が、

花よ蝶よともてはやすのは、まったくあさはかでばからしいことです。人間は誠実な心があって、物の本質を追求してこそ、心構えがすばらしいのです」とおっしゃって、いろいろな虫で恐ろしそうなのを採集して、「これが成長する様子を観察しましょう」とさまざまな虫籠などに入れさせなさる。中でも「毛虫が思慮深そうな様子をしているのが奥ゆかしい」とおっしゃって、朝晩額髪を耳にかきあげ、(毛虫を)手のひらにひっくり返して見守っておられる。

若い女房たちは、恐れをなし途方にくれるので、男の子で物おじせず、取るに足りない身分の者を呼び寄せ、箱の虫を取り出させ、名を尋ね、新種の虫には、名をつけて、おもしろがっておられる。「人は、だいたい化粧したりするのはよくない」といって、眉毛をまったくお抜き取りなさらず、お歯黒をつけるなどは「面倒、(それに)不潔だ」というわけで、おつけにならないで、白い歯を見せて笑いながら、この虫どもを、朝に夕にかわいがっておいでになる。侍女たちが、こわがり困って逃げ出すと、姫君のお部屋では、ひどく異様に大騒ぎになるのであった。このようにこわがる侍女たちを、「ふとどきです。俗悪で下品だ」と、(姫君は)毛深い眉でおにらみになるので、(侍女たちは)一層うろたえるのであった。

両親は「まことに変わっていて人とは様子が違う子でいらっしゃる」とはお思いになったが、「お悟りのところがおありなさるのだろうか。風変わりなことだ」と思って、忠告申し上げることには、まったく反対なさるので、「まことにどうもおそろしいことだ」と、こんな理屈をいうことをも気づまりだと思うのであった。

そうではあっても、「外聞が悪い。世の人は見た目の美しいのを好むものなのだ。『気味悪い毛虫を慰んでいるのだ』と世間の人の耳に入るのも、みっともない」と(親が)申し上げると、(姫君は)「平気です。すべてのことは、その始まりをつきとめて、その結果を観察するからこそ、物事には味わいがあるのです。ずいぶん幼稚なのですね。毛虫が蝶になるのですよ」と、その姿が(毛虫から蝶へと)成長するのを、取り出してお見せになった。

12 落窪物語 …… 26・27ページ

(1) 例 ①行けそうもないようだ ④早くあなたのもとに参りたい
(2) ウ
(3) A少将 B姫君
C 例 雨が激しくて行けないのが残念だという手紙。
(4) エ
(5) ウ

ポイント
◆**会話文は省略表現**が多い。文章全体の流れの中でその具体的な内容をつかむことが必要。

解説
(1) ①「まじかめり」は、打消推量「まじ」の連体形「まじかる」の撥音便「まじかん」に、推定・婉曲の助動詞「めり」がついた「まじかんめり」。さらに「ん」が表記されず「まじかめり」となっている。「めり」は終止形接続であるが、ラ変型についたときは、「あんめり・美しかんめり」のように音便化し、さらに、「あめり・美しかめり」と表記することが多い。④「いつしか」は、待ち望む気持ちで「早く」の意。

(2)「いかがはせむ」は、**イ**と**ウ**の意味をもっているが、「さ侍れど」を受けた内容であることを考えると**ウ**となる。

(3) 姫君のもとに行けないのだからせめて手紙だけでも書かれてはという気持ちが、直後にある「だに」に表現されている。

(4) 傍線部⑤を直訳すると、「こんなふうにやむを得ない状態のようなので」となる。やむを得ない状態とは、激しい雨であるし、省略された部分は、行くことができないとなる。

現代語訳

暗くなるにつれて、雨はあいにくで（ひどくなり）、頭を外に出すこともできない。少将が（乳母子である）帯刀に相談なさって「残念なことであるが、あちら〈＝姫君のもと〉には、行けそうもないようだ。こんな雨だから」とおっしゃるので、（帯刀は）「（姫君のところに通い始めなさって）まだ間もないのに。（姫君が）かわいそうでしょうよ。そうではありますが、あいにくの雨は、どうしようもありませんね」、「相手への思いが冷めているのならばまずいでしょうが」、「せめてその旨のお手紙だけでもお書きください」と言って、表情はとてもつらそうである。（少将は）「そうだね」といってお書きになる。

「早くあなたのもとに参りたいと思って準備をしていたときに、こんなふうに雨がひどく降るようなので（うかがうことができません）。心の罪ではありませんが、いいかげんだとはお思いにならないでください」と（手紙に）書いて、帯刀も、「すぐに参りましょう。少将は（そちらに）おうかがいしようとしていたときに、このような雨であるので、残念だと嘆かれておられます」と書いた。

このような（手紙だった）ので、（姫君のもとにいるあこぎは）たいへん残念だと思って、帯刀に対する返事に、

「いやもう、『たとえ雨が降っても（逢おうと約束しているから行こう）』という歌もあるのに、いよいよ冷たい（少将の）お心であるようです。（姫君には）まったく申し上げることもできません。あなたご自身〈＝帯刀〉は、どんなよい気分で『来よう』とさえするのですか。このようなしくじりをしでかして、こんなこと（自分一人で来るというようなこと）があるものですか。それにしても、世間の人は、『今夜さえ来ない人を（いつまで待てばよいのか）』とか言うらしいのに、（少将は）いらっしゃらないのでしょうよ」と書いた。

姫君の（少将への）お返事には、ただ、

この世で生きていることをつらい身の上と思っている私の袖が涙で濡れ始めています。今宵雨が降ってあなたがおいでにならないのは、この身と同じくつらいことです。

とあった。

13 大和物語 ①　……　28・29ページ

(1) ⓐみかど　ⓑてんじょうびと　ⓒふ　ⓓそう　ⓔおおみゆき
(2) ①よばひ　②めでたき　③みそかに　④清らに
(3) **オ**
(4) 猿沢の池
(5) **エ**

ポイント

◆古文でよく用いられる**基本的な古語の読みや意味**を理解する。
◆場所や時間の変化に着目して、**場面の転換**をとらえる。

解説

(1) ⓒの「経」は、ハ行下二段活用。下の「まじ」がラ変を除く動詞の終止形に接続することから、終止形と判断する。

(2) 現代語に相当する古語を探すためには、文意をきちんとたどることが前提となる。「よばふ」は「求婚する」、「あふ」は「結婚する」の意である。

(3) 采女の切なさは、帝が自分を思ってくれないことから発している。

(4) 「わぎもこ」を詠んだ、柿本人麿と帝の歌に、猿沢の池の玉藻が取り上げられていることに着目する。

(5) 「見るぞかなしき」の真の主体は帝である。宮廷歌人は、帝に代わって帝の愛する人の死をいたんだ。

現代語訳

昔、奈良の帝にお仕え申し上げている采女がいた。容貌がたいそう美しく、男たちが求婚し、殿上人なども求婚したが、受けようとはしなかった。その受けようとしない心は、帝をこのうえなくすばらしい方としてお慕い申し上げていたからである。(ある時)帝は(この采女を)お召しになった。しかし、その後は、二度とはお召しにならなかったので、(采女は)このうえなくつらいことと思っていた。(采女は)夜昼、(帝のことが)心にかかってお慕い申し上げ、恋しく、つらく思い申し上げているのであった。帝は、(一度は)お召しになられたものの、とくに(采女を)どうとも思ってはおられない。とはいうものの、(采女は)いつもは帝にお目にかからないわけにはいかない。もはやこれ以上生きていけそうにない心地がしたので、夜、ひそかに抜け出して、猿沢の池に身投げをしてしまった。(采女が)このように身を投げてしまったことも、帝はお聞きになることがおできにならなかったのを、何かの機会に、ある人が申し上げたので、(はじめて)お知りになった。(帝は)たいへん気の毒にお思いになられて、池のほとりに御幸なさって、人々に歌をお詠ませなさった。柿本人麿が、

　いとしいこの乙女の寝乱れた髪を、猿沢の池の藻として見なければならないのは、実に悲しいことです。

と詠んだときに、帝は、

　猿沢の池も実に薄情であることであるよ。いとしいあの乙女が、池に沈んで藻の下になったなら、水が乾けばよかったのになあ。

とお詠みになられた。そして(帝は)この池のほとりに、墓を作らせなさって、お帰りになられたということである。

14 大和物語②

30・31ページ

(1) ⓐ
(2) エ
(3) 例「あま」は「天」と「尼」、「そら」は「空」と現実ではないことの意味の「そら」の掛詞。
(4) イ

ポイント

◆**掛詞**に注目し、**歌に込められた女の気持ち**を読み取る。

解説

(1) 傍線部①の「ぬ」は、連用形に接続しているので、完了の助動詞とわかる。ⓐ「に」も連用形に接続しており、「ぬ」の連用形。ⓑは、ナ変動詞「往ぬ」の連用形活用語尾。ⓒは、接続助詞。連体形に接続していることに注意する。ⓓは助詞「ばかり」に接続しており、断定の助動詞「なり」の連用形。

(2) 副助詞「だに」は、願望・命令などの文に用いられて、最小限の希望を表す。ここでは、願望を表す終助詞「なむ」とともに「せめて～だけでも(～してほしい)」の意味を表す。

(3) あとに「あまになりたるなるべしと見るに」とある。「そら」は「虚」と書き、「いつわり。うそ。現実でないこと」の意味を表す。

(4) 使いの言葉を聞いて、その内容に「いといみじ(非常に悲しい)」と感じていることをおさえる。使いは女が尼になった(出家した)ことを告げている。**ア**の「髪の美しさ」に目を奪われている様子の描写は本文にない。**ウ**・**エ**は出家について触れていないうえに、**ウ**は「行方がわからなくなって」、**エ**は「できるだけ力になろう」が誤っている。

現代語訳

やっとのことで帰るやいなや、亭子の帝〈＝宇多院〉が(平中を)お供に大井に連れていらっしゃった。そこにまた二晩お仕えすると、(平中は)ひどく酔ってしまった。夜が更けて(院が)帰りなさるときに、(平中は)この(契りを結んだ)女のもとへ行こうとするが、(女の家の方向は)方塞がりになったので、だいたい皆方違えをする方向へ、院に仕える人々は連れ立って(平中とともに)行ってしまった。(平中は)「この女は、(私からの手紙がないので)どんなに不安でおかしいと思っているであろう」と、恋しいので、「せめて今日だけでも日も早く暮れてほしい。(女のもとへ)行って事情を自分で言おう。そのうえ、手紙を送ろう」と、酔いが覚めて思ったところ、人が来て(戸を)叩く。「誰だ」と尋ねると、「なんといっても尉の君に申し上げたい」と言う。のぞいて見ると、この(契りを結んだ女の)家の女である。どきどきして、「こちらへ、来なさい」と言って、手紙を取って見ると、とても香りのよい紙に、切れた髪を少し輪の形に曲げて包んである。とても不審に思われて、書いてあることを見ると、

天の川は遠い空にあるものと聞いていたけれど、実は私の目を流れ出る涙でした。〈＝尼になることなどは私には現実ではないことと聞いたけれど、私の身に起こった悲しい出来事がそれであったことだよ。〉

と書いてある。(もはや)尼になっているのであるに違いないと思うと、目の前が真っ暗になった。心を乱して、この使いに尋ねると、「既に御頭髪をそり落としなさってしまった。だからお仕えする女房たちは昨日今日ひどく泣いてうろたえなさる。(私のような)身分の低い者の心でも、(あまりのことで)ひどく胸が痛くなる。あれほどでございま

した（あれほど美しくございました）御髪を」と言って泣くときに、男の気持ちはたいそう切ない。

15 伊勢物語 ……… 32・33ページ

(1) ①例 時流に乗って栄えていたが、後には世の中が変わり、治世も移り変わってしまったので、世間なみの貴族のような生活もできなかった。
②例 上品でみやびやかなことを好んで、ほかの人とも違っている。
③例 もうこれまでと言って出て行くのを、何事もほんの少しのこともできないで、行かせることだ。
(2) Aしだいに　B親密に
(3) ⓐ妻　ⓑ紀の有常（男）
(4) ア・イ
(5) **ウ・オ**

ポイント

◆**歌物語**では、物語中に挿入される**和歌の解釈が重要**。四つの和歌を通じて交わされる登場人物の心情を読み取る。

解説

(1) ②「あてはかなり」は、「あてやかなり」「あてなり」と同じで、上品なこと。③「まかる」の主語は妻で、「つかはす」の主語は、紀の有常。妻が出ていくのを、紀の有常は何もできないまま行かせたのである。

(4) イ「まことに」は、ほんとうに、まったくの意の副詞。ウは、「にけり」となっているので、完了の助動詞。エの「だに」は、副助詞の一部。カは、「にぞありける」となっており、基本的には「にあり」の形であるので、断定の助動詞。

(5) 歌物語としては、『伊勢物語』、『大和物語』、『平中物語』の三つの作品を覚えておくとよい。後の『源氏物語』では、歌をうまく取り入れた手法がとられており、これは歌物語の影響を受けたものであると考えられている。こうしたことも問われることがあるので、知っておきたい。

現代語訳

昔、紀有常という人がいた。三代の天皇にお仕え申し上げて、時流に乗って栄えていたが、後には世の中が変わり、権勢も移り変わってしまったので、世間の人並みの生活もできなかった。人がらは、さっぱりしていて、上品でみやびやかなことを好んで、ほかの人とも違っている。貧しく生活していても、やはり昔よかったときの心のままで、世間のあたりまえのこともわからない。長年連れ添って親しんできた妻は、しだいに寝床を共にしなくなって、ついに尼になって、姉が先立って尼になっている所へ行くことになったので、男は本当に親密な関係でこそなかったが、もうこれまでと言って妻が出て行くのを、（有常は）とてもいとしいと思ったが、貧しかったのでしてやれることが何もなかった。思い悩んで、親密に交際していた友人の所に、「こうこうで、もうこれまでと言って出て行くのを、何事もほんの少しのこともできないで、行かせることだ」と書いて、（手紙の）最後に、

指を折って、二人が連れ添ってきた年を数えると、十年と言いながら四回も過ごしてしまったなあ〈＝四十年経ってしまったなあ〉。

その友だちはそれを見て、とてもかわいそうだと思って、夜具まで

贈って詠んだ歌。

年月さえ四十年を数えるぐらい経ってしまったことだが、その間に(妻は)何度あなたを頼りに思ってここまで来たことだろう。このように言ってやったところ、

これがまあ、あの天から降りてきたという羽衣かと思われる。なるほど、あなたがお着物としてお召しになったものであるからなあ。喜びを抑えきれず、また、

秋が来たのか、あるいは露が降りたかを見間違えるほどに私の袖が濡れているのは、(うれし)涙が降っているからであったなあ。

16 大鏡 …… 34・35ページ

(1) オ
(2) しか
(3) 例 ぜいたくの禁制のきびしい折に、左大臣が華美な姿で参内したのはけしからん、即刻退出せよということ。(48字)
(4) 例「帝のおとがめが重いので」と言って、お会いにならなかった (28字)
(5) ウ

ポイント

◆事態の推移にともなう**人物の言動**をとらえ、その原因を明らかにする。
◆**助動詞の種類・活用**を正確にとらえ、**意味**を明らかにする。

解説

(1) 「に」が「こと」という体言に接続していることをおさえる。また、下に「あらん」が省略されていると考えるとわかりやすい。完了の助動詞「ぬ」は、連用形に接続する。

(2) 「こそ」の結びは已然形であり、過去の助動詞「き」の已然形である「しか」を見定める。

(3) 「しかじか」は、長い文句を省略していうときの語。

(4) 「勘当」は、おしかりを受けること。ここでは、帝からの叱責を指している。「会はせ」の「せ」は、使役でなく尊敬。「せ給ふ」と二重敬語になっている。

(5) 「帝と御心あはせさせ給へりける」は、帝と時平とがあらかじめ申し合わせをした上で、この挙に出たことを指している。

現代語訳

醍醐天皇は、世の中の法式を整えなさったが、分を超えたぜいたくを抑えることがおできにならなかったときに、時平公が、禁制を破った装束でとりわけ立派なものを身につけて宮中に参内なさって、殿上の間に伺候しておられたのを、帝は殿上の間の小窓からご覧になって、ご機嫌もまことに悪くおなりになり、蔵人を召されて、「世の中の華美・ぜいたくの取り締まりのきびしい折から、左大臣が、いかに当代第一の人とはいえ、殊の外きらびやかな姿で参内しているのは、けしからんことである。即刻退出いたすよう命じよ」と仰せになったので、ご命令をお受けした蔵人は、(かようなことを時平公にお伝えしては)いかがなものだろうかと、恐ろしく思ったものであったが、参上してぶるぶる震えながら、「これこれです」と申し上げたところ、(時平公は)たいそう驚かれ、恐縮してそのご命令をお受けして、御随身が先払いをするのもおとどめになり、急いで宮中を退出なさったので、御前駆の人々も不審に思った。(時平公は)帰邸後、本院邸のご門をも一か月ほど閉めさせて、御簾の外にもお出にならず、人などが参上して

も、「(帝の)おとがめが重いので」と言って、お会いにならなかったので、世間の分を超えたぜいたくもやっとおさまった。内々でよくお聞きしたところ、こんな具合にしたら(ぜいたくも)おさまるだろうと、帝と打ち合わせて行いなさったということである。

17 栄花物語 36・37ページ

(1) エ
(2) イ
(3) ②ウ ③エ

ポイント

◆**歴史物語**では、**人物関係**を正確につかむことが重要。
◆中宮と道長、二人のやり取りの場面だが、一人の発言が長いので、それぞれの**会話の範囲をしっかりおさえる**こと。

解説

(1) エの「次第」は、順序・序列の意。
(2) Ⅰの前にある「かの宮」は、第一子敦康親王のこと。敦康親王も第二子である敦成親王の祖父が道長であることから、うしろ立ての強いことはわかっていた。それが「さりとも〈＝そうはいっても〉」である。しかし、順序からいえば自分が東宮となるべき立場にある。それが「さやうにこそはあらめ〈＝そのようになるだろう〉」である。
(3) ②の部分を直訳すると「やはりこのことは、なんとかしてそうでなくあってほしいものだ」となる。③は、前の部分で、中宮が自分の子ではなく敦康親王の心中を思いやる言葉を泣く泣く道長に訴えたので、それに対して道長も「いとありがたき事〈＝めったに見られないほどのご配慮〉」と言ったのである。

現代語訳

中宮は(わが子)若宮の(東宮になる)ことが決まったのを、ふつうの人でいらっしゃったなら、当然のごとくうれしくお思いになるはずなのに、「帝は道理に従って(第一皇子が順序通り東宮になるべき)とお思いになっていらっしゃったでしょうに、あの宮(敦康親王)も、『そうはいっても〈＝道長のうしろ立てがあるにしても〉(順序から言えば自分が東宮になるだろう)』とお思いになっていたでしょうに、このような世間の評判により、(帝は考えを)すっかり変えて心にお決めになったのでしょうが、そうはいっても(敦康親王の)お心のうちの嘆かわしく穏やかでない様子は、このことばかりをお思いになっていらっしゃるでしょうに、たいへん心苦しく気の毒で、(わが子)若宮はまだたいへん幼くていらっしゃるのだから、自然と宿命にまかせていらっしゃればいいのに」などと、お思いになられて、道長様にも、「やはり今度の(東宮の)件は、なんとかしてこんなふうでなくしたいものだと思います。あの(宮の)お心のうちには、長年お思いになっていらっしゃったことと食い違ったことと、とても心苦しくて耐えがたいことです」などと、泣かんばかりに申し上げなさるので、道長様は「本当にめったに見られないほどのご配慮でいらっしゃいますね。また(私も)そうなるのが当然のことであるので、本当にその通りと思いまして、お取りなし申し上げるべきなのですが、帝がいらっしゃいまして、なすべきことなどをこまごまとお命じになるのに、『いえ、やはりよくないことをおっしゃられることです。(東宮は)順序通りに(なさるべきでは)』とお返し申し上げることはできません。この世はたいへんはかないものですので、こうして生きております間に、そのようになった〈＝孫が東宮になった〉有様も見ることができましたなら、後の世も思い残すことなく心安らかでございましょうと思っております」と申し上げなさるので、またこのように言うのももっともなことなので、（中宮は）何も返して申し上げなさらない。

18 平家物語 ……………… 38・39ページ

(1) Ⅰ①謙譲語　④謙譲語
　Ⅱ①**ア**から**オ**へ　④**オ**から**カ**へ
(2) あはれ（感動詞）・是（代名詞または名詞）・は（助詞）
(3) はき（て）
(4) 持ちたりつれ
(5) 例どういった返事もできず

ポイント

◆**敬語表現**に着目し、人物相互の関係をとらえる。
◆それぞれの人物の**置かれている状況**を明らかにする。

解説

(1) ①で「畏まつて承」ったのは貞能で、命じたのは重盛である。地の文で使われているので、語り手が敬意を表している。④は、重盛の会話の中で使われていて、重盛が入道殿（平清盛）に先だち奉らん（先に死に申し上げる）というのである。
(2) 家宝の太刀だと思った維盛が、「ああこれは」と感動している。
(3) 「はいて」は、「はきて」のイ音便。カ行四段活用動詞「はく（佩く・帯く）」は「腰に着ける。装着する」の意味。
(4) 「たり」と「つ」を併用するので、「存続（ている）＋完了（た）→ていた」の順で続ける。完了の助動詞「つ」は、「ども」に続くように、已然形「つれ」にする。
(5) 「とかう」は「とかく」のウ音便。「とかく」は下に打消の語を伴って「どうにも（～ない）」の意味を表す。ここは「の」が下にあるので、工夫して訳出すること。父親である重盛の心中を聞き、維盛はどのような返事もできなくなってしまったのである。

現代語訳

（重盛は、）「この杯を、先に少将（維盛）に取らせたいけれども、（少将は）親より先には決してお飲みにならないだろうことであるから、（父である）重盛（私）が先に（杯を）取り上げて（飲んで）から少将につごう」と言って、（貞能から酌を）三度受けて（そのあとで）少将につぎなさった。少将が同じように三度（杯を）受けなさるときに、さて貞能、（維盛に）「引き出物をせよ〈＝与えよ〉」とおっしゃると、（貞能は）謹んでご承知申し上げ、（大臣が差し出した）錦の袋に入れてある太刀を取り出す。（少将は）ああこれは、（我が）家に伝わっている小烏という太刀ではなかろうか」などと、実にうれしそうに思ってご覧になるとき、そうではなくて、大臣が葬儀のときに用いる無文の太刀であった。そのとき少将は様子が変わって、実に不吉そうな様子でご覧になったので、大臣は涙をはらはらと流して、「いやはや少将、それは貞能の過ちではない。その（太刀を差し出した）わけはどうしてかというと、この太刀は大臣の葬儀のときに用いる無文の太刀である。入道殿〈＝平清盛〉がお亡くなりになるようなとき、重盛が腰に着けて（葬列で）供をしようと思って持っていたけれども、今は重盛が、入道殿にお先立ち（死に）申し上げるだろうから、そなたに差し上げるのである」とおっしゃった。少将はこれを聞きなさって、どういった返事もできず、涙にむせびうつむいて、その日は(院に)出仕もなさらず、(衣を)引きかぶってお伏しておられた。そののち大臣は熊野神社に参詣し、帰って(から)病気になって、間もなく、とうとうお亡くなりになったので、(太刀をお渡しになったのも)もっともだと理解されたのだった。

19 保元物語 ……………… 40・41ページ

(1) やり通す(通す)
(2) ⓐ作者→左大臣　ⓑ信西→左大臣
(3) 新院すでに白河殿へ御幸成りたるよし
(4) 例粗末な張輿に乗り、みすぼらしい御様子をなさって
(5) 例車には左大臣が乗っていないということ。(19字)
(6) オ

ポイント

◆登場人物の**言動**に着目し、状況や心情を明らかにする。

◆**敬語の用法**を整理し、敬意の対象や方向を明らかにする。

解説

(1) 登宣・重綱の場合の「六波羅の前」と、紀信の場合の「項羽の陣の前」とを重ねて考える。

(2) ⓐもⓑも尊敬語で、動作の主体に対する敬意を示す。ⓑは信西の会話文中にあり、信西が左大臣に敬意を示している。

(3) 「新院すでに白河殿へ御幸成りたる」といううわさが流れていたのである。

(4) 「あやしげなる」は、粗末なの意。「やつる」は、人目にたたぬように、みすぼらしい姿になるの意。

(5) 信西がその車を通したのは、紀信の故事を知っていて、車をとめても無意味であると判断したからである。

(6) 「ゆゆし」がここではよい意味に用いられ、中国の故事に通じている教養の深さを称賛している。

現代語訳

左大臣(藤原頼長)殿は宇治にいらっしゃったが、新院(崇徳院)が既に白河殿においでになったことが伝わってきたので、式部大夫(藤原)盛憲を使者として、「それが事実か否かを、急いで見申して参れ」といっておつかわしになる。盛憲は急いで帰参して、事実である旨を申し上げたので、左大臣殿はそれではということで急いで(白河殿へ)参上なさる。御自身は粗末な張輿に乗ってみすぼらしい御様子をなさって、(遠回りをして)醍醐路を通って人目につかないようにして参上する。(一方、左大臣御乗用の)御車には菅給料登宣、山城前司重綱の二人を乗せて、左大臣殿が(院の)御所へ参上なさる旨を声高く言い騒ぎ、六波羅の前を通って(車を)進ませる。兵どもがこれを見て、左大臣がお通りの旨を内裏へ告げ申し上げて、車を押さえた。信西は御車には左大臣が乗っていないということがわかっていて、「左大臣のお乗りになっている車ではまさかあるまい。そのまま通せよ」といって通した。昔、漢の高祖と項羽とが合戦した際に、高祖の軍勢が敗れて危険であったときに臨んで、紀信という兵士を高祖の乗用の車に乗せて、項羽の陣の前を通って進ませる間に、高祖はこっそり逃げ去った。このとき項羽の軍勢は、高祖の(乗っている)車と思って(その車を)押しとどめた。けれども(その車には)紀信一人が乗っていた。この紀信という者は、天下に(名高い)優れた兵士だったので、項羽はこの紀信を殺害することを惜しんで、「お前は、私に服従せよ。(そしたら)助け

てやろう」といった。（しかし）紀信はあざ笑って、「忠義の臣は二人の主君に仕えない。どうして項羽の家来になったりしようか」と言ったので、項羽は怒って、紀信を殺したということだ。左大臣（頼長）もこの先例を思い出しなさったのであろうか。信西も同様にこの話を思い合わせたのであろう。どちらも立派だと思われた。けれども登宣・重綱は紀信の思いと似ても似つかなかったようで、白河殿に参上して、「ああ恐ろしい。鬼の餌になるところだったよ」といってわなわなと震えながらくずれ落ちるように車から降りた。

20 俊頼髄脳 ……42・43ページ

(1) 貫之（が）人（に）
(2) 例 馬に乗ったままお通りになりましたか
(3) **ア**
(4) 例 貫之が和歌の名人である。（12字）
(5) （蟻通しの）明神
(6) **ウ**

ポイント

◆**事態の推移**にともなう人物の言動をとらえ、その原因を明らかにする。
◆文章と**和歌**との関係をとらえ、筆者の感動の中心を読み取る。

解説

(1) 尋ねたのは貫之であり、その問いに答えたのは、「……と人の言ひければ」の「人」である。
(2) 「ながら」は、接続助詞で「……のままで」の意。「や」は、疑問の係助詞。
(4) 「きはむ」は、その道の奥義（おうぎ）に達する意。貫之（紀貫之）は、和歌の道の第一人者である。
(5) 禰宜の前の会話文に続けてみると、「許し給ふ」の主体が神であることは明らかである。

現代語訳

貫之が馬に乗って、和泉の国にあります蟻（あり）通しの明神の社の前を、暗夜だったので（明神前と）知らないで通ったところ、馬が突然倒れて死んでしまった。どうしたことかと驚いて、（供の者の）ともしびの光で見ると、神の鳥居が見えたので、「なんという神様がいらっしゃるのか」と、（近くの人に）尋ねると、「これは、蟻通しの明神と申しまして、おとがめを厳しくなさる神様です。ひょっとして、馬に乗ったままお通りになりましたか」と人が言ったので、「いかにもそのとおりだ。暗さに、神様がいらっしゃるとも知らずに（馬に乗ったまま）通り過ぎました。どうしたらよかろう」と言って、社の神官を呼んで尋ねると、その神官は、普通のさまではなく（神がのりうつった様子で）、「お前は、私の前を馬に乗ったまま通った。知らなかったのだから当然許してやらねばなるまい。しかし、（お前は、）和歌の道を極めた人物だ。（だから）和歌の道（の真髄）を歌に詠んで通れば、馬もきっと立つことができようぞ。これは、明神様のお告げだぞ」と言った。貫之は、たちどころに水を浴びて（潔斎し）、後述の歌を詠み、紙に書いて、お社の柱に貼りつけて拝み、しばらくすると、馬は立ち上がって、身ぶるいし、いなないて立った。神官は、「（明神様が）お許しになった」と言って、（神がかり状態から）覚めたということだ。

　雨雲が厚く空をおおっている夜中だったので、蟻通しの神様がいらっしゃるとは、思うでしょうか。いえ、思いもよりませんでした（お許しください）。

---

21 無名抄 ……… 44・45ページ

(1) 侍りし
(2) X ふる　Y へ
(3) 身にしみて
(4) ②**ア**　④**エ**
(5) ③**ウ**　⑥**ア**
(6) 知り給へず
(7) **ウ**

ポイント

◆基本的な**古語の意味**を**文脈**に即してとらえる。
◆場面の状況や様子をとらえ、**筆者の考え方**を明らかにする。

解説

(1) 俊恵の話の内容をつかんで見抜く。
(4) ④「申し侍る」は、俊恵が質問の中に「世にあまねく人」の説を引いているのである。
(5) 「夕さる」の「さる」は、来る、近づくの意を示す自動詞。現在の「さる」は、過ぎる・遠ざかるの意味。
(7) 五条三位入道の「夕されば」の歌に対して、俊恵は「み吉野の」の歌を自分の**代表的な歌**に挙げたのである。

現代語訳

　俊恵が言うには、「五条三位入道のお宅に参上いたしました折に、『（あなたの）お詠みになられた歌の中では、どれが優れているとお思いですか。世間の人はさまざまに決めておりますが、その意見を聞き入れるわけには参りません。はっきりと（御本人から）お伺い申し上げ

ましょう』と申し上げたところ、
『夕方になると秋風が身にしみるように感じられる。鶉(うずら)も秋風に感じて鳴くようだ。この深草の里では。
この歌を、私としては代表的な歌だと存じます』と言われたので、俊恵がまた言うことには、『世間で広く人が申しますのは、
目の前に、咲き誇る桜の花の姿を想像しつつ、いくつも重なる山々を越えて来たことだ。山の頂の白雲が桜と見まがうようで。
この歌を優れた歌のように申しておりますのはいかがでしょう』と申し上げると、『さあ。世間ではそのようにも評定しているのでしょうか。(私は)知りません。やはり自分としては、先の歌に(この歌を)比較して論じるわけには参りません』ということでした」と語って、この件について内々で申されたことは、「あの歌は、『身にしみて』という第三句が、たいへん残念に思われるのです。これほどに優れた歌は、様子をさらっと表現して、ただそれとなく、身にしみたであろうと(聞く人に)思わせてこそ、奥ゆかしく優雅にも感じるのです。(第一句、第二句と)十分に詠んでいって、歌の眼目としなくてはならない(第三句の)ところを、あまりにはっきりと表現したので、ひどく風情が浅くなってしまったのです」と言って、そのあと、「私の歌の中では、
吉野山一帯が曇り空になって雪が降ると、その麓の里にはおりおり時雨が降っていることだ。
この歌を、代表歌の部類にしようと存じます。もしこれから先の世において(俊恵の代表歌が)はっきりしないと言う人があったならば、『こう言っていた』とお伝えください」と言った。

22 万葉集 46・47ページ

(1) Ⅰⓐ例 天と地と分かれた時から ⓑ例 田子の浦を通って
Ⅱⓐ時間の起点を表す格助詞 ⓑ経過する場所を表す格助詞

(2) Ⅰ渡る日の 影も隠らひ――照る月の 光も見えず
白雲も い行きはばかり――時じくそ 雪は降りける
Ⅱ例 空を渡る太陽も隠れ隠れし――照る月の光もかすんで見えない
例 白い雲も行くのをためらい――時を定めずに雪が降っている

(3) 例 本来「不尽の高嶺は 語り継ぎ 言ひ継ぎ行かむ」とあるべきところを倒置にして、強調的効果をもたらしている。

(4) ②例 後方に見える ④例 玉藻が水に隠れて行ったならば
⑤例 干潟がなくなるので

(5) 例 干潮から満潮への時間的経過を巧みに盛りこみ、長歌で大きくとらえた海浜に、反歌で叙情的な点景を加え一つの世界を構成している。

(6) 天地の 分れし時ゆ

ポイント
◆**長歌**の感動をとらえ、**反歌**とのつながりを明らかにする。
◆**構成**に着目し、**対比的**に描かれている状況をとらえる。

解説
(1) Ⅱ「ゆ」は、上代に用いられた格助詞。ⓐは動作の時間的な起点を表し、「〜から」の意。ⓑは移動する動作の経過する場所を表し、「〜を通って」の意。
(2) Ⅰ対比に着目すると、「渡る日」―「照る月」、「白雲」―「雪」の

組み合わせが見つかる。

(4) ⑤「潟を無み」の「み」は接尾語。形容詞の語幹につき、原因・理由を表す。多くは上に名詞と助詞「を」がくる。

(5) 長歌の「潮干れば」から、反歌の「潮満ち来れば」の満潮へと、時間が推移していることを見抜く。

現代語訳

A 山部赤人が、富士山を遠くのぞんで作った歌一首

天と地の分かれた時から、こうごうしくて高く貴い、駿河にある富士の高い峰を、大空はるかに遠くふり仰いで見ると、空を渡る太陽の光も隠れ隠れし、照る月の光もかすんで見えない、白い雲も行くのをためらい、時を定めずに雪が降っていることだ。次々に語り伝え、言い継いでいこう、この富士の高い峰は。

反歌

田子の浦を通って(眺望のよい所へ)出てみると、真っ白に富士の高い峰に雪が降り積もっていることだ。

B 神亀元年十月五日、(聖武天皇が)紀伊国に行幸なさったとき、山部赤人の作った歌一首

国の隅々まで治めたわが大君の永久の離宮として、われらがお仕え申し上げている雑賀野の宮の地から後方に見える沖の島の、その清らかな渚には、風が吹くと白い波が立ち騒ぎ、潮が引くと美しい藻を刈って、神代の昔からこのように尊いことであるよ。玉津島山は。

反歌二首

沖の島の荒磯に生えている玉藻よ、潮の引いた所に潮が満ちて、玉藻が水に隠れて行ったならば、恋しく思われるであろうかなあ。

若の浦に潮が満ちてくると、(えさをあさる)干潟がなくなるので、葦のはえている岸辺をさして、鶴が鳴いて飛んで行く。

23 笈の小文 ………… 48・49ページ

(1) **X ア**　**Y イ**
(2) **エ**
(3) 狂句(風雅)
(4) **A ケ**　**B ク**　**C ア**　**D エ**
(5) **エ**
(6) **ウ**

ポイント

◆**漢語**を多用した**独特のリズムとテンポ**を持つ芭蕉の**紀行文**に読み慣れよう。

◆西行や宗祇の業績など、**文化史の基本的知識**はおさえておきたい。

解説

(1) X「百骸」は多くの骨、「竅」は身にある穴。人体を構成しているものということで、人間の身体。Y四つの時ということから四季。

(2) 「にあり」の形をとっている「に」は、断定の助動詞「なり」の連用形。

(4) 西行は平安末期の歌人。宗祇は室町末期の連歌師。雪舟は室町後期の画僧。利休は安土桃山時代の茶人。

(5) **エ**は『三冊子(さんぞうし)』にある芭蕉の言葉で、「松の事は松に習へ、竹の事は竹に習へ」とある。要は、松や竹といった対象物と一体化することを教えたもの。「造化にしたがひ、……」も、天地万物と一体化

するという意味で近い内容を表していることになる。

(6) 西行や宗祇など、旅に生涯をかけた昔の詩人たちのように、自分も旅人と呼ばれるようになりたい、と旅立つ自分を奮い立たせる気持ちを表している。

現代語訳

ここに百の骨と九つの穴をもつ人間の身体があり、その身体の中に「もの」がある。仮にそれを名付けて風羅坊という。(風羅と名付けたのは)本当に(その男が)風によって破れやすいようなはかないものであることを言うのであろうか。彼〈＝風羅坊〉は狂句〈＝俳諧〉を好んですでに久しく、ついに生涯をかけた仕事となっている。あるときはいやになって放りだそうと思い、あるときは進んで励み人に勝つようなことを誇ろうと考え、そのよしあしの思いが胸の中で葛藤して、このために心身の落ちつかないこともあった。また一度は世間並みの出世をしようと願ったけれども、狂句のために妨げられ、あるいは一時的に仏教を学んで自らの愚を悟るようなことを望んだけれども、やはり狂句のために志を破られ、とうとう無能無芸で、ただこの一筋につながることとなった。

西行の和歌においてのもの、宗祇の連歌においてのもの、雪舟の絵においてのもの、利休の茶においてのもの、(それぞれ道は別々だが)これらの人々の根底を貫いているものは同一である。その上俳諧においてのものは、天地自然にしたがって四季の移り変わりを友とするものである。目に見えるところ、花でないというものはない。(また)心に思うところ、月でないというものはない。もし見える物を花として見ないならば、野蛮人と同じである。心に思うところが花でないならば、鳥獣と同類である。(だから)、野蛮人の境涯を脱け出て、鳥獣の境遇から離れて、天地自然に従い、天地自然と一体化せよというのである。

陰暦十月の初め、空は(時雨の降りそうな)はっきりしない有様、この身も風に散る葉のように行方が定まらない気持ちがして(詠んだ歌)、(旅に生涯をかけた昔の詩人たちのように、早く旅に出て)旅のお方とでも人から呼ばれるようになりたいものだ。折からの初しぐれの中を旅立って行って。

また山茶花の咲く宿々に泊りを重ねて。

24 許六離別詞 ………… 50・51ページ

(1) エ
(2) ①イ ②ウ
(3) 歌
(4) イ
(5) 歌に実あ〜をそふる
(6) 例 昔の人の残した形だけを追わない。(16字)

ポイント

◆芭蕉が許六と自らの風雅の道をどのように**評価しているか**を読み取る。

解説

(1) 絵は許六が師であり、俳諧は芭蕉が師である。けれども、許六の絵が「精神徹に入り」に対して、芭蕉の風雅は「夏炉冬扇のごとし」であるといった文脈。

(2) ①筆端は「筆の先」。「妙」は「巧妙」の意。②「さかひて」は、「逆ひて」と書き、そむく、反すること。世の人が求めるものにそむいて、「用ゐる所なし」、役に立つところがないというのである。自らの風雅を「夏炉冬扇のごとし」と評価していることからも判断できる。

(4) たわむれに詠んだ歌でも、「あはれなる所おほし」なのである。

(5) 「その細き一筋をたどり失ふる事なかれ」とは、俊成や西行の歌について後鳥羽上皇が書き残したことばを大切にしろというのである。したがって、「そ」は、後鳥羽上皇のことばの内容を指すことになる。

現代語訳

去年の秋(許六と)ほんのちょっと顔を合わせ、今年の五月のはじめにはしみじみと心からの別れを惜しむことになった。その別れに際して、ある日(私の)草庵を訪れてくれて、一日中ゆっくりと話をした。(許六の)才能は、絵を好み、俳諧を愛することからわかる。私はためしに尋ねてみた。「絵は何のために好むのか」、(すると許六は)「俳諧のために好む」と言う。「俳諧は何のために好むのか」(と聞くと)、「絵のために愛する」と言う。学ぶところは二つであって、その働きは一つなのである。本当に、(孔子も)「君子は多くの能力があることを恥じる」と言っているので、学んでいる品が二つで、働きが一つであるのは、感心できることであろう。絵は(許六を)私の師とし、俳諧は私が教えて(許六を)弟子とする。けれども許六の絵は精神が深奥の域に達しており、筆勢は巧妙を極める。その絵の幽遠な趣は私などには見抜くことができない。(それに対して)私の俳諧は夏炉冬扇のように役に立たないものである。世の人が求めるところとちがって少しもためにならない。ただ俊成や西行の和歌だけは、ほんのかりそめに詠み捨てられたものにも、趣のあるところが多い。後鳥羽上皇がお書きになったものにも、「この二人の歌は歌に真実があって、しかも悲しみをそえる」と仰せられているとか。だからこのおことばを力として、その細い一筋の道をたどりその道を見失うことがあってはならない。やはり、「古人の残した形だけを追わず、古人が求めようとした精神」と弘法大師の書道の教えの中にも見える。俳諧もまたこれと同じであると言って、灯火をかかげて、(許六を)草庵の枝折戸の外まで送って別れるだけであった。

25 日本永代蔵 ……52・53ページ

(1) c
(2) ① **ウ** ② **イ** ④ **ウ**
(3) **ウ**
(4) **ア**
(5) **イ**

ポイント

◆事例や古典の言葉を引用しながら述べられる筆者の考えを読み取る。

解説

(1) cは形容動詞「ゆたかなり」の連用形の活用語尾。ほかは格助詞。

(3) 「何ぞ」は強調。いくら金銀であっても、ということ。

(4) **ア**は、「黄泉の用には…子孫のためとはなりぬ。」の内容と合致する。**ウ**は「金がなくても」とは述べていないので誤っている。

(5) 曲亭馬琴・上田秋成・十返舎一九はいずれも江戸後期の作家。近松門左衛門は江戸前期の浄瑠璃・歌舞伎作者。

現代語訳

天は口をきかないのに国土に恵みが深い。人間は誠実さがありつつも偽りが多い。その(人間の)根本がもともと空虚であって、物事に応じるばかりでむなしいものだからだ。このことは(つまり)、善悪の中間に立って正しい今のご治世を豊かに世渡りするのは、人の中の人〈=優れた人〉であるからであって普通の人ではない(ということである)。(普通の人にとっては、)一生の一大事は生活の手段であり、士農工商のほか、仏僧・神道職に限らず、(皆が)倹約大明神のお告げに従い、金銀を貯めなければならない。これこそは、両親のほかに命の親である。人間(の命)は、長いと見ると朝(の明けたの)を(まだ)知らず(気付かないくらい長く)、短いと思えば夕方(の鐘)に(もう鳴ったのかと)驚く。それゆえ、「天地は万物の旅館、月日は永遠の旅人、無常の世の中は夢か幻」と言う。一瞬の煙として、死ねば、金銀は瓦石に劣っている。死後の世界の役には立ちそうもない。そうであると言っても、(金は)残しておけば確かに子孫のためとなる。(私が)ひそかに思うに、この世にいる(生きている)うちの願いで、何であるにかかわらず金銭の力でかなわないことが、天下に五つ(五蘊(ごうん)が)ある。それよりほかは(かなわないものは)なかった。これ(金銭)に勝る宝船がありえるだろうか(いや、ない)。(まだ)見ぬ島の鬼が持った隠れ笠・隠れ蓑も、(目の前の)突然の雨の役に立たないのだから、(このような)手が届かない願いを捨てて、手近な道としてそれぞれの家業を励むのがよい。幸福をつかむにはその身が健康であること。朝に夕に油断することがないように。とりわけ、世間の仁義を根本として、神仏を祀るべきである。これが、日本のしきたりである。

---

26 雨月物語 …… 54・55ページ

(1) ①例 ああ高貴な人の娘で容貌の美しい人を妻として迎えて結婚させたならば
③例 孝行と貞節を立派だと思って喜びを我慢できないので

(2) ②確述(完了)の助動詞「ぬ」の未然形。
④カ行下二段動詞「たはく」の連用形。

(3) 例 正太郎は上の空に聞いて、その後は数か月にわたって帰って来ない。

(4) 例 磯良が舅姑の怒りにかこつけて正太郎を諫めたり、正太郎の不誠実な心を恨んで嘆いたりする様子。

(5) 夙に起きお~仕へければ

ポイント

◆古文解釈の基本事項である**接続助詞「ば」**の訳し方に注意する。
◆それぞれの人物の行動・心情を正確に読み分ける。

解説

(1) ①「あはせ」はサ行下二段動詞「あはす」の連用形。「なば」は〈完了の助動詞「ぬ」の未然形「な」+ば〉で、「~ならば」と訳す。順接の仮定条件。③「ねば」は〈打消の助動詞「ず」の已然形「ね」+ば〉で、「~ないので」と訳す。順接の確定条件である。

(2) ②推量の助動詞「ん(む)」は未然形に接続する。「な」は確述を表し、「なん(む)」で「きっと~だろう」という意味になる。④「たはく」は「ふしだらな行為を好む」「ふざける」という意味の動詞。「け・け・く・くる・くれ・けよ」と活用する。

(4) 浮気をしている正太郎に対する磯良の振る舞いである。

現代語訳

吉備の国の賀夜郡庭妹の里に井沢庄太夫という者がいた。祖父は播磨の赤松氏に仕えたが、去る嘉吉元年の騒乱で(赤松氏が討たれたので)、その(赤松氏の)館を去ってこの地に来て、庄太夫に至るまで三代を経て、春は耕し秋は収穫して家豊かに暮らした。(庄太夫の)ひとり息子の正太郎という者は、農業を嫌がるあまりに、酒にだらしなくなり色事にふけって、父の指図を守らない。父母はこのことを嘆いてひそかに相談することには、「ああ高貴な人の娘で容貌の美しい人を妻として迎えて結婚させたならば、彼の身の上も自然ときっと落ち着くだろう」と、(神主の娘の磯良との縁組を進め)まもなく結納を厚く整えて送り届け、日のよい日を選んで結婚式を行った。

磯良は、あちら(井沢の家)に行ってから、早朝に起き(夜は)遅く寝て、常に舅姑のそばを離れず、夫の性格を推し量って心を尽くして仕えたので、井沢夫婦はその(磯良の)孝行と貞節を立派だと思って喜びを我慢できないので、正太郎もその(磯良の)誠意に心ひかれて仲よく契りを結んだ。しかし、生まれつきのふしだらな性格はどうしようもない、いつのころからか鞆の浦の袖という遊女に深くなじんで、とうとう身請けし、近い里に別荘をつくり、そこで日々を重ねて家に帰らない。磯良はこのことを恨みに思って、あるときには舅姑の怒りにかこつけて(怒りを口実として)叱責し、あるときには(正太郎の)誠実でない心を恨んで嘆くけれども、(正太郎は)上の空に聞いて、その後は数か月にわたって帰って来ない。舅は磯良の痛切な振る舞いを見るに耐えず、正太郎をとがめて(部屋に)閉じ込めてしまった。